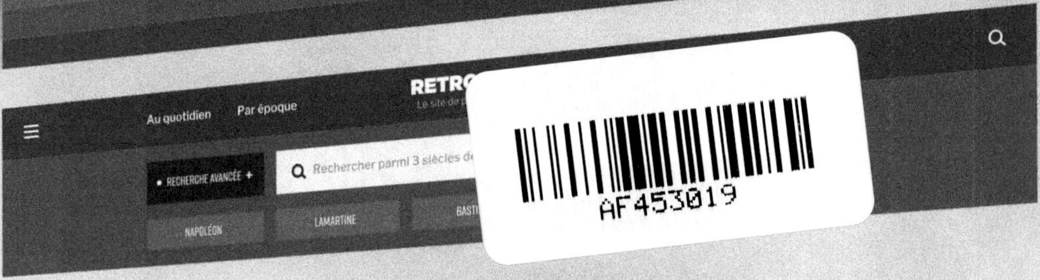

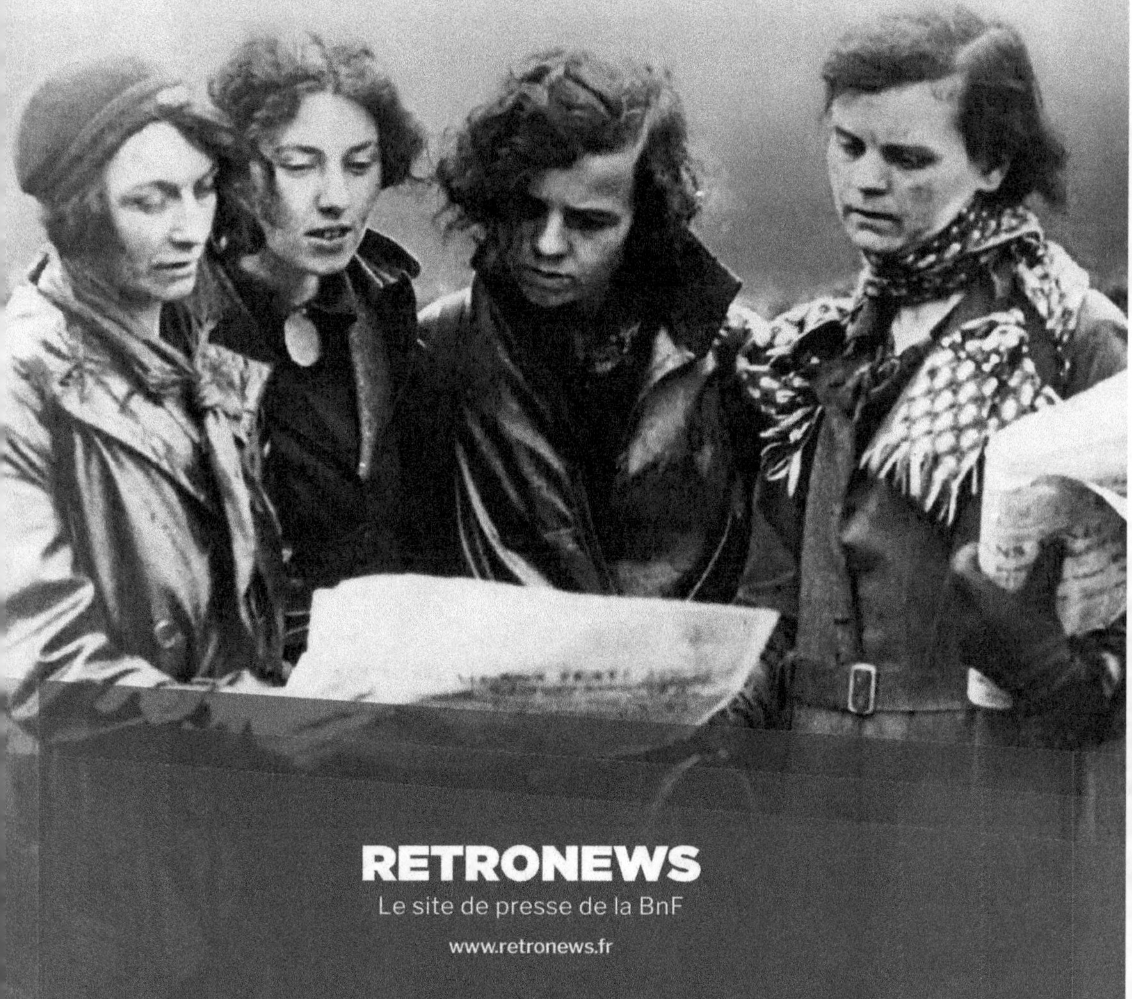

MINISTÈRE DE L'INSTRUCTION PUBLIQUE ET DES BEAUX-ARTS

RÉUNION

DES

SOCIÉTÉS SAVANTES

DES DÉPARTEMENTS

A LA SORBONNE

Du 4 au 7 avril 1877

SECTION DES BEAUX-ARTS

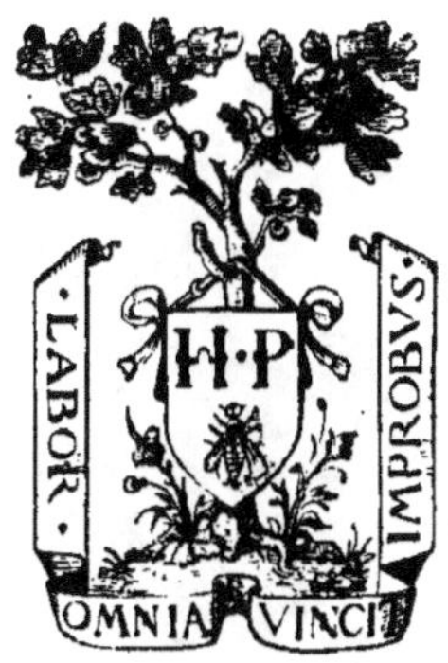

PARIS

TYPOGRAPHIE DE E. PLON ET Cⁱᵉ
RUE GARANCIÈRE, 8

MDCCCLXXVII

RÉUNION

DES

SOCIÉTÉS SAVANTES

DES DÉPARTEMENTS

PARIS

TYPOGRAPHIE DE E. PLON ET Cⁱᵉ

RUE GARANCIÈRE, 8.

RÉUNION

DES

SOCIÉTÉS SAVANTES

DES DÉPARTEMENTS

A LA SORBONNE

Du 4 au 7 avril 1877

SECTION DES BEAUX-ARTS

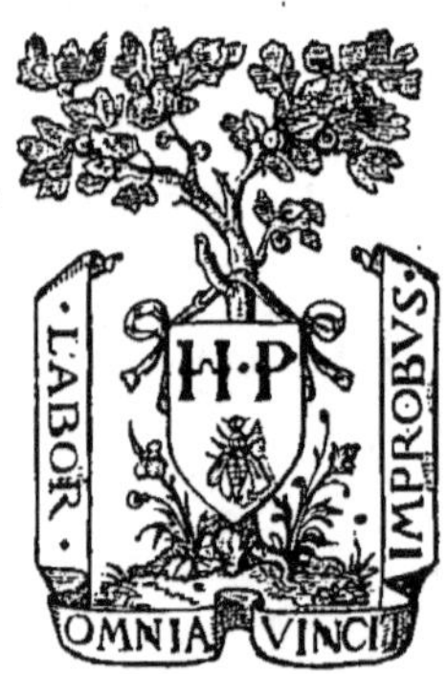

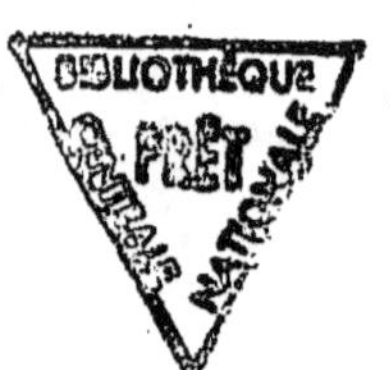

PARIS

TYPOGRAPHIE DE E. PLON et Cie
RUE GARANCIÈRE, 8

MDCCCLXXVII

RÉUNION

DES

SOCIÉTÉS SAVANTES

DES DÉPARTEMENTS

A LA SORBONNE

DU 4 AU 7 AVRIL 1877

SECTION DES BEAUX-ARTS

RAPPORT A M. LE MINISTRE DE L'INSTRUCTION PUBLIQUE ET DES BEAUX-ARTS.

Palais-Royal, le 28 avril 1877.

MONSIEUR LE MINISTRE,

En assistant, le 22 avril, à la séance solennelle, où ont été distribuées, sous votre présidence, les récompenses méritées par les Sociétés savantes de nos départements, je regrettais de ne point voir dans cette réunion, où la province avait été conviée à envoyer tout ce qui chez elle entretient les nobles principes d'étude et d'activité, les représentants d'une certaine classe de ces Sociétés, et non la classe la moins vivante et la moins agissante. Je veux parler des Sociétés des Amis des arts, qui, depuis trente ans, se sont multipliées

1

sur toute la surface de la France à côté des Sociétés d'archéologie, de sciences et d'agriculture, et ont fortement contribué à développer dans les populations des grandes villes les germes des goûts les plus élevés, les plus civilisateurs, et la pratique quasi populaire des plus attrayants exercices de l'intelligence humaine.

Il n'est guère en effet aujourd'hui, Monsieur le Ministre, de ville un peu considérable dans notre pays, depuis Lille, Rouen et Caen, jusqu'à Bordeaux, Toulouse et Marseille, qui n'ait créé une Société des Amis des arts, ayant pour mission d'organiser soit des expositions de peinture et de sculpture, expositions que les artistes de Paris connaissent mieux que nous-mêmes pour les profits et les honneurs qu'en retirent leurs talents ; soit des concerts que hantent chaque année les plus renommés de nos chanteurs et de nos cantatrices : expositions et concerts destinés à entretenir l'émulation et à favoriser les progrès des artistes locaux.

Je n'ai point à vous rappeler, Monsieur le Ministre, que les largesses de l'administration des Beaux-Arts, sollicitées, au commencement du siècle, par vingt-deux Musées seulement, ont aujourd'hui à pourvoir à l'enrichissement de plus de deux cents Musées municipaux ; et ce magnifique développement de nos collections nationales est dû en grande partie à l'initiative et à l'ardente coopération des membres des Sociétés dont je parle. — En outre, nous faisons appel de toutes nos forces à leur collaboration, autant qu'à celle des Sociétés d'archéologie, pour l'immense travail de l'*Inventaire des richesses d'art de la France,* impossible sans elles, et où ces Sociétés peuvent donner une mesure si utile et si patriotique de leur savoir et de leur bonne volonté.

Aussi, jugerez-vous sans doute qu'il ne serait pas équitable, les appelant à la peine, de ne point les appeler à l'honneur et aux récompenses. Je solliciterai donc pour les Sociétés des Amis des arts qui animent et vivifient la province, et aux efforts et aux services desquelles l'État doit montrer qu'il n'est point insensible, la même protection qu'il accorde aux autres Sociétés savantes de nos départements ; et je vous demanderai, Monsieur le Ministre, de vouloir bien m'autoriser à m'entendre avec mon cher collègue de la Division des sciences et lettres de votre ministère, pour que l'an prochain, à pareille époque, leurs délégués se trouvent convoqués dans la même salle de la Sorbonne, où vous avez donné rendez-vous à tous ceux qui, d'un bout à l'autre de nos provinces, font acte de travail, de vie et de lumière.

J'ai l'honneur d'être, avec un profond respect, Monsieur le Ministre, votre très-humble et très-dévoué serviteur.

Le Directeur des Beaux-Arts,

Signé : Ph. DE CHENNEVIÈRES.

CIRCULAIRE DE M. LE MINISTRE
DE L'INSTRUCTION PUBLIQUE ET DES BEAUX-ARTS.

Palais-Royal, le 14 août 1876.

MONSIEUR LE PRÉFET,

En 1874, un de mes prédécesseurs décida qu'un Inventaire général des richesses d'art de la France serait dressé par les soins de l'Administration des Beaux-Arts. Une commission spéciale fut chargée d'organiser ce vaste travail et d'en surveiller l'impression ; elle se mit à l'œuvre immédiatement, et dans peu de temps paraîtront à la fois les premiers volumes des diverses séries dont se composera la publication : Monuments civils et religieux de Paris ; Monuments civils et religieux des départements. Les différentes pièces et les spécimens que je vous envoie sous ce pli vous permettront de juger de l'étendue de l'entreprise, de son importance au point de vue national, des services qu'elle doit rendre aux artistes, aux historiens, aux érudits dans tous les genres.

Une publication si considérable ne pourrait toutefois être menée à bonne fin, si nous ne devions compter, dans les départements,

1.

pour les travaux préparatoires, sur le concours actif de toutes les personnes qui, par profession ou par goût, s'y occupent de l'histoire des beaux-arts. Déjà mon Administration a demandé à MM. les conservateurs des musées départementaux et à MM. les archivistes de lui faire parvenir les catalogues complets des collections dont ils ont la garde. La plupart ont déjà répondu à cet appel, et leur travail est entre les mains de la Commission.

Mais l'établissement du catalogue des objets d'art innombrables conservés dans les églises, mairies, hospices et tous autres monuments publics que les musées, ne présente pas évidemment les mêmes facilités, parce que les personnes préposées à leur garde n'ont point toujours une compétence spéciale pour en apprécier la valeur.

Dans cette circonstance, j'ai pensé, Monsieur le Préfet, que mon Administration trouverait des collaborateurs naturels et empressés dans les membres des Sociétés savantes et des Sociétés de beaux-arts si nombreuses aujourd'hui en province, lesquelles, ayant surtout pour objet l'étude des monuments locaux, auraient sans doute peu de chose à faire pour réunir en peu de temps tous les matériaux qui nous sont nécessaires. Je viens donc vous prier de vouloir bien me faire savoir quelles sont les Académies, Sociétés savantes, Sociétés des beaux-arts, etc., actuellement organisées, dans votre département, avec qui l'Administration des Beaux-Arts pourrait établir des communications à ce sujet. Vous pouvez dès aujourd'hui adresser à ces diverses Sociétés la présente circulaire, en leur demandant si leur intention est de prendre part à ce grand travail, et en les prévenant d'ailleurs que toutes les monographies publiées dans l'Inventaire général porteront la signature de leurs auteurs.

En me transmettant le résultat de vos démarches, vous voudrez bien en même temps me faire connaître : 1° la date de fondation de ces diverses Sociétés, les noms de leurs présidents, vice-présidents et secrétaires; 2° votre avis sur la répartition qu'il conviendrait de faire du travail entre elles; 3° tous les renseignements qu'il vous aura été possible de vous procurer, soit sur les publications déjà faites pouvant servir de base à l'Inventaire dans votre département, soit sur les personnes qui vous paraîtraient, à défaut ou en dehors de ces Sociétés, les plus capables de nous prêter une collaboration utile.

Je saisis cette occasion pour vous informer que mon intention est d'assimiler dans l'avenir les Sociétés qui, sous divers titres, s'occupent de l'encouragement des beaux-arts, aux Académies et Sociétés savantes qui correspondent déjà avec le ministère de l'Instruction publique. Les Sociétés des Amis des arts ou Sociétés des beaux-arts dont vous aurez constaté l'organisation sérieuse et que vous croirez devoir signaler à mon intérêt, seront donc, dès l'année prochaine, appelées à prendre part à la réunion solennelle des Sociétés savantes qui a lieu chaque année à Paris, ainsi qu'aux récompenses qui y sont distribuées.

Je vous serai obligé de vouloir bien me donner, aussi promptement que possible, une réponse aux diverses questions contenues dans la présente circulaire.

Recevez, Monsieur le Préfet, l'assurance de ma considération distinguée.

Le Ministre de l'Instruction publique et des Beaux-Arts,

Signé : WADDINGTON.

Pour copie conforme :

Le Directeur des Beaux-Arts,

Ph. DE CHENNEVIÈRES.

Le mercredi 4 avril 1877, trente-deux délégués de treize Sociétés d'art des départements se sont réunis à midi et demi dans la salle Gerson, préparée par les soins de MM. le baron O. de Watteville, chef de division, et Servaux, chef adjoint de la division des sciences et des lettres au ministère de l'Instruction publique.

La séance ayant été ouverte par M. le marquis de Chennevières, directeur des Beaux-Arts, M. Hubert Lavigne, membre de la Société de l'Histoire de l'art français, a été appelé au fauteuil de la présidence ; M. Alfred Darcel, membre du comité des travaux historiques (section d'archéologie), a été chargé des fonctions de secrétaire.

Après la constitution du Bureau, M. le marquis de Chennevières a prononcé le discours suivant :

MESSIEURS,

J'étais de ceux qui assistèrent, il y a vingt-cinq ans, aux premières réunions des sociétés savantes de nos départements, réunions que M. de Caumont venait d'organiser à Paris. J'étais de ceux que cet homme, qui a tant fait pour la province, eût pu appeler sa vieille garde, car pleins de foi, comme lui, dans son œuvre de décentralisation littéraire, archéologique, scientifique ; passionnés, comme lui, pour tout ce qui pouvait agiter noblement les esprits dans vos sociétés et les tenir constamment en éveil, nous le suivions fidèlement dans toutes les transformations qu'il donnait à sa généreuse entreprise. Le jour où, après avoir créé la Société des antiquaires de Normandie, l'Association normande, la Société française pour la conservation des monuments, l'Institut des provinces, les Congrès scientifiques régionaux de la France, M. de Caumont conçut la pensée utile de rassembler annuellement à Paris, comme en un faisceau, toutes les forces des Sociétés savantes de ces mêmes provinces, il accomplit, à son insu peut-être, une tâche fatalement centralisatrice et qui devait nous réunir ici un jour ou l'autre sous le patronage de l'État ; car l'État ne pouvait éternellement repousser la trop séduisante tentation d'encourager et de récompenser directement les efforts de ces Sociétés.

J'avais l'honneur d'être assis auprès de M. de Caumont le jour de la première solennité qui eut lieu à la Sorbonne, et je me souviens encore que j'en sortis le cœur un peu gros : le nom du créateur de ces réunions n'y avait pas été prononcé, et j'en éprouvai comme un sentiment d'injustice que je crois bon de réparer aujourd'hui dans ces murs mêmes, car si l'État, convaincu de son droit d'utilité publique, expropriait M. de Caumont, il avait le devoir d'une certaine reconnaissance nationale, le devoir, en un mot, d'être juste, la justice étant la base absolue des choses de l'État.

Et comment, messieurs, ne me serais-je pas intéressé, dès l'origine, aux assemblées des Sociétés savantes de la province? N'est-ce pas à la province que j'ai consacré mes premières études, mes premiers travaux? Depuis les *Recherches sur les peintres provinciaux* jusqu'aux *Essais sur l'organisation des arts en province,* lus aux premiers congrès de vos sociétés, je n'ai guère été, en vérité, qu'un provincial égaré à Paris. La publication des *Archives de l'art français* fut et est demeurée un appel à vos investigations dans les dépôts publics des départements, autant et plus qu'aux chercheurs parisiens.

Enfin, l'*Inventaire général des richesses d'art de la France,* entrepris dernièrement sur une idée émise par moi dans votre congrès de 1856, cet inventaire où la province aura à révéler à l'Europe une bien plus grande somme de richesses inconnues que Paris lui-même, ne prendra l'essor qui lui appartient que par votre collaboration active, infatigable, bien réglée, bien renseignée, bien unifiée. Si vous croyez, messieurs, qu'avec ces quelques titres à votre confiance, je puisse vous demander aujourd'hui de venir en aide à la direction des Beaux-Arts, je vais le faire sans discrétion. Aussi bien pourrez-vous y recueillir vous-mêmes quelque estime de plus pour vos propres travaux, quelque prestige de plus pour vos associations.

Messieurs, la province nourrit la France de pain et de vin; elle la fait vivre de son meilleur sang et de ses plus claires épargnes; elle lui renouvelle incessamment ses jeunes poëtes, ses jeunes artistes; elle la nourrit aussi d'histoire et d'archéologie, car l'histoire de France s'est faite par les provinces de France, et il appartient aux provinces d'en raconter les pages les plus héroïques. Quant à l'archéologie, les plus beaux monuments du sol français, cathédrales et châteaux, vous appartiennent à vous aussi, et depuis cinquante ans, vous n'avez cessé de les mesurer et de les décrire. Or, s'il existe dans le pays une administration centrale créée pour mettre en lumière, au profit de l'honneur national, le génie de nos jeunes artistes, et pour remplir nos édifices du souvenir de nos gloires françaises, la province, qui tient tant de place dans la France, peut bien se croire le droit de réclamer une large part des munificences de cette administration pour l'enrichissement de ses collections publiques, comme aussi des travaux qui seront entrepris pour la décoration des monuments civils et religieux. Et je dois vous le dire, messieurs, aucun des ministres sous lesquels j'ai eu l'honneur de servir ne l'a entendu autrement.

La Direction des Beaux-Arts, pour qui a l'ambition de l'entendre dignement, ne saurait être l'étroit bureau de charité chargé de distribuer quelques menus travaux sans but et sans utilité prévue à des artistes nécessiteux ou favorisés de bonnes apostilles ; elle ne saurait être davantage le bureau de répartition d'œuvres vulgaires entre des Musées bien recommandés. Elle a, Dieu merci, sa mission plus fière et plus noble, plus large, plus féconde, plus nationale, en un mot. Elle comprend la vie tout entière des arts en notre pays, depuis l'instruction primaire, dans laquelle va pénétrer prochainement, je l'espère, l'enseignement du dessin étudié dans tout son développement logique et pratique par le conseil supérieur des Beaux-Arts, jusqu'aux plus hauts sommets de la peinture et de la sculpture religieuse ou historique. Elle conduit les jeunes élèves, que Paris ou la province lui confie, à travers toutes les écoles élémentaires ou spéciales des beaux-arts, si riches aujourd'hui en instruments d'études, à travers ces Musées où parlent tous les grands maîtres, vers les concours ou les expositions qui font le public témoin et juge des progrès de chacun ; elle leur assure par le grand prix de Rome ou le prix du Salon la dernière émulation nécessaire, et le loisir de concentrer leurs dernières forces ; puis enfin à ceux-là et à ceux que le public a remarqués aux Salons annuels, elle ouvre selon ses ressources, trop bornées, hélas ! la lice des luttes suprêmes, les murs d'église, les murs de palais. Et c'est là, messieurs, pour les artistes aussi bien que pour nous, qu'est la vraie Direction des beaux-arts ; c'est là qu'elle fut en tout temps où elle se connut elle-même, au seizième, au dix-septième, au dix-huitième siècle, quand elle s'appelait Surintendance des bâtiments, arts et manufactures, et qu'elle ne songeait qu'à décorer les plus illustres bâtiments de France par les mains des plus savants peintres et sculpteurs, ou par les produits de nos manufactures. Les écoles, les Musées, qui sont une autre forme de l'enseignement, les grands travaux décoratifs et les manufactures qui en relèvent, voilà encore une fois, messieurs, la Direction des beaux-arts, celle qui fournira des architectes, des peintres, des sculpteurs, des ornemanistes à vos monuments, des directeurs et des artisans à vos industries locales, celle qui a besoin de vous, celle dont vous avez besoin vous-mêmes et qui se dit prête à vous seconder.

Quels peuvent être les besoins de la province en matière d'art? Quel peut être le rôle de ses Sociétés des beaux-arts?

Messieurs, l'état des arts en province a été profondément modifié par la révolution de 1789. Vous vous rappelez, vous qui savez l'histoire, que jusqu'aux dernières années du siècle passé, dans chacune des grandes villes parlementaires ou aristocratiques de notre pays, florissait une école d'art, vivant de sa propre vie, bien caractérisée par le tempérament de sa province, se perpétuant par ses propres élèves et remplissant les églises, les hôtels et les châteaux de sa région, d'œuvres qui en font encore aujourd'hui la curiosité et la richesse. Vers le milieu du siècle passé, cette vieille tradition provinciale fut rajeunie par la mode heureuse d'organiser des écoles de dessin, éveillée par les discours et les exemples de Bachelier et de Descamps. Certaines Académies des beaux-arts, fondées à l'imitation de l'Académie royale de Paris, et qui furent les aînées de vos Sociétés actuelles, fomentèrent, elles aussi, ce généreux mouvement par leurs expositions régulières, dont les comptes rendus arrivèrent jusqu'aux *Mercures* et aux *Gazettes* de Paris. Tout cela, messieurs, croula avec l'Académie royale, avec les Parlements, avec la raison pour les familles aristocratiques de vivre dans les grandes villes, où ne les retenaient plus leurs fonctions, et les écoles d'art disparurent tout naturellement avec ceux qui leur commandaient des tableaux pour leurs chapelles, des portraits pour leurs descendants ou pour leurs corporations. Il devenait, d'ailleurs, plus urgent de sauver des toiles menacées de ruine ou de pourriture, de recueillir des débris de monuments, que de songer à couvrir des toiles nouvelles ou de décorer des monuments nouveaux. Ce fut le moment de la création des Musées, et c'est ici, messieurs, que commence, en notre siècle, le rôle vraiment salutaire de vos Sociétés. Elles ont appris aux générations nouvelles le respect des merveilles anciennes. Vous avez été et vous êtes les conseillers naturels des conservateurs de collections départementales, les excitateurs-nés des maires et des conseillers municipaux, en tout ce qui touche à la bonne préservation des œuvres d'art et à l'estime qu'on en doit faire. Et en cela, messieurs, vous entrez, sans vous en douter peut-être, dans la mission qui vous incombe, par suite de la métamorphose sociale, résultant pour les arts des lois de notre code civil.

Autrefois, les promoteurs des arts, les tuteurs des artistes en province, c'étaient, je l'ai dit, les familles aristocratiques, les puissantes corporations, les riches abbayes. Aujourd'hui, tout cela n'est plus, et il n'est pas de chef de famille qui puisse se flatter de l'espoir de voir conserver dans sa maison, deux générations durant, la plus modeste collection de tableaux ou d'estampes. L'individu ne peut plus se survivre; mais la cité reste et a seule gardé le privilége d'héritage perpétuel. Il est trop facile de prévoir, dans un temps donné, l'accumulation complète des richesses d'art de la France dans les Musées nationaux et municipaux. Déjà ils ont doublé de nombre en dix ans; aujourd'hui nous distribuons des tableaux et des sculptures à deux cent vingt villes de province. C'est par là que revient légitimement, forcément, à vos connaissances spéciales, au contrôle desquelles les administrations publiques ne peuvent se soustraire, la tutelle des Musées, des édifices et de ceux qui les décoreront.

Déjà, pour obéir à cette loi qui nous entraîne vous et nous, c'est à vous que nous sommes bien obligés de nous adresser pour établir cette vaste statistique des œuvres du passé que nous avons appelée l'*Inventaire général des richesses d'art de la France*. Nous en avons dressé le plan, tracé les cadres, formulé le questionnaire. Mais ce plan peut demeurer inutile, les cadres peuvent rester vides, si le questionnaire n'est rempli par vous, si vous ne vous mettez résolûment à la besogne et ne nous envoyez, chacun de votre côté, les chapitres isolés de ce livre immense. Vous en avez les matériaux sous les yeux ou dans votre proche voisinage, non-seulement les œuvres, mais les documents qui en certifient l'histoire et la provenance. Vous en aurez l'honneur, prenez-en un peu la peine. Ce que nous vous demandons n'est le plus souvent qu'un résumé des études déjà insérées dans les mémoires de vos Sociétés, car vous avez tous publié des monographies excellentes de vos artistes locaux, déjà décrit leurs peintures ou leurs sculptures, déjà fixé l'époque et le sujet de telle tapisserie, de telle fresque ou de tel bas-relief. En somme, ce que nous sollicitons de vous n'est qu'une besogne de patience et d'exactitude et de prudence dans les attributions. Nous avons songé à nous mettre en règle avec le passé avant de penser à l'avenir.

L'avenir, ce sont les écoles. Après que divers décrets ont eu solidement reconstitué toutes nos écoles nationales des beaux-arts, à Paris aussi bien qu'à Lyon, un grand projet de réorganisation de l'enseignement du dessin a été, je vous l'ai dit, étudié par le conseil supérieur des beaux-arts; il a pour but de faire pénétrer jusqu'au fond des villages les connaissances élémentaires qui feront des enfants de l'ouvrier des praticiens plus habiles, des artisans mieux préparés à manier l'outil de leur père, puis dans les colléges et lycées d'ouvrir les jeunes intelligences plus lettrées à une meilleure compréhension des choses de l'art et du goût.

Mais pour aider à la mise en pratique de ce projet, vous pouvez, messieurs, nous fournir un élément bien nécessaire : ce sont les renseignements locaux sur l'état de l'enseignement actuel ; ils nous mettraient dans les mains les matériaux sincères et complets d'une enquête, d'où nous partirons quand le jour sera venu, pour distribuer à chaque localité, selon ses besoins, des modèles mieux raisonnés ou des professeurs plus expérimentés. Ces professeurs, nous en avons déjà une pépinière prévue dans les élèves brevetés de l'École nationale des beaux-arts, prêts à être répartis entre les écoles normales primaires de la province.

Beaucoup de nos Sociétés touchent à l'art vivant par les expositions régulières d'œuvres d'art contemporaines. Ces expositions nous sont doublement utiles ; elles aident à améliorer les conditions d'existence aujourd'hui navrantes de la plus nombreuse, de la plus brillante, de la plus variée, de la plus féconde légion d'artistes que la France ait connue en aucun siècle, et que Paris, avec son monde cosmopolite d'amateurs, ne suffit plus à nourrir. Vos artistes locaux en profitent par la comparaison de leurs propres œuvres avec celles des peintres renommés de nos Salons. De plus, elles familiarisent les yeux et le goût d'un public jusque-là étranger à ces jouissances délicates, avec tout un ordre nouveau d'idées et de sensations qui l'élève en somme et l'ennoblit, comme il a ennobli les cités italiennes et flamandes des époques privilégiées. Les expositions rétrospectives que beaucoup de nos villes ont organisées depuis dix ans ont fait connaître, en les faisant sortir des châteaux et des collections privées qui les cachaient, un très-grand nombre de tableaux et de portraits du plus vif intérêt, au point de vue de l'histoire nationale, comme au point de vue de l'histoire de l'art; et ces révélations vont nous être d'un grand secours pour la galerie projetée de portraits nationaux à l'Exposition universelle de 1878. C'est la province qui va nous fournir les toiles les plus nouvelles et les plus attrayantes de cette exhibition. Si vous en connaissez, messieurs, qui, en dehors des Musées, n'aient point passé par ces expositions locales, nous vous serions obligés de vouloir bien nous les signaler.

Il me reste à vous parler, messieurs, de la question de nos commandes. La plupart de vous ne connaissent la Direction des beaux-arts que par les envois faits aux Musées de province à la suite des Salons annuels de Paris. Ce n'est point là, ai-je dit tout à l'heure, la vraie Direction des beaux-arts. Son intime ambition serait d'entreprendre, en beaucoup, beaucoup d'années s'entend, car ce n'est pas petite entreprise, mais du moins avec esprit de suite, la décoration de tous les monuments de nos provinces, ceux, cela va sans dire, qui méritent d'être décorés. Le ministère des Beaux-Arts a déjà beaucoup fait; il fait beaucoup encore, à Lille, à Amiens, à Rouen, à Bordeaux, au Havre, à la Rochelle, à Poitiers, à Valenciennes, à Caen, à Boulogne, à Coutances, à Montpellier, un peu partout; mais nous ferions bien davantage si la province elle-même se voulait mettre de la partie. A Paris, la Direction des beaux-arts n'a qu'un rôle limité et quasi passif. Les murailles des monuments et des églises ne lui appartiennent pas, et le ministère des Travaux publics et la Ville de Paris ont des fonds pour les décorer. Le goût public est là qui excite à naître les œuvres importantes et applique les artistes au panneau ou au plafond auxquels ils sont propres.

C'est merveille, en vérité, qu'à un moment donné nous ayons trouvé là les murs de Sainte-Geneviève et les plafonds de l'hôtel de la Légion d'honneur et du Musée du Luxembourg, pour y réveiller sur des surfaces dignes d'elle la grande peinture d'histoire un moment endormie. Aussi, est-ce vers la province que la Direction des beaux-arts tourne surtout les yeux ; c'est là que nous pouvons aisément rencontrer des tâches intéressantes pour nos peintres et nos sculpteurs, des murailles encore vierges, et des frontons et des jardins encore vides. Ah ! messieurs, si les municipalités de la province, pressées par l'influence de nos Sociétés savantes, voulaient faire pour la décoration de leurs hôtels de ville, de leurs églises, de leurs tribunaux de commerce, de leurs palais de justice, de leurs places publiques, ce qu'elles font, d'ordinaire et sans effort, pour la réparation de leurs monuments historiques ; si elles consentaient à contribuer pour moitié à l'exécution de peintures et de sculptures dont elles retireraient tout l'honneur et le profit, combien, avec ce concours intelligent, avec ces subsides qui doubleraient notre budget des beaux-arts, nous peuplerions la France d'œuvres grandioses et magnifiques ! Quel essor donné à ce bataillon d'admirables et courageux talents qui, dans ces dernières années, sur la seule vague espérance que les grands travaux allaient renaître, espérance fondée sur le prix du Salon et sur les commandes de Sainte-Geneviève, ont tourné le dos bravement à la peinture de genre qui les appelait de ses plus beaux sourires et en faisant sonner ses écus trop lestement gagnés ! Messieurs, si la province entrait dans cette voie généreuse, elle ferait pour la gloire du pays, sans parler de sa propre vanité satisfaite, bien plus que nous ne pouvons faire nous-mêmes ; car nous pouvons créer, non pas des artistes de génie, non pas des chefs d'école, que Dieu seul fait naître de loin en loin, mais une génération de laborieux et savants travailleurs ; la province, en ravivant par des entreprises considérables et par une émulation échauffante les forces de ce jeune groupe impatient des grandes luttes, quoique né dans un temps fatigué, la province aurait produit ce qui ne peut se produire que par intervalles et par un beau mouvement national, je veux dire un nouveau siècle de l'art français.

C'est afin d'entretenir chaque année les représentants les plus accrédités de la province de ces idées diverses, et de pouvoir échanger avec eux des avis familiers sur les sujets qui nous intéressent également, que j'ai demandé, l'an passé, à M. le ministre de l'Instruction publique et des Beaux-Arts de vouloir bien combler une lacune qui me paraissait regrettable dans la réunion des Sociétés savantes des départements, Congrès où l'on avait cru appeler toutes les forces vives de l'intelligence provinciale, et où cependant les arts, source de tant de richesses et d'orgueilleuses jouissances dans notre pays, ne trouvaient point leur place à côté des lettres, des sciences et de l'archéologie. M. le ministre, et je l'en remercie hautement, a bien voulu me mettre à même d'aboucher ici, les uns avec les autres, les conservateurs des Musées des diverses régions de la France, de manière à ce que nous puissions étudier ensemble les meilleures conditions d'un bon catalogue, soit de peinture et de sculpture, soit d'antiquités, etc.; les plus heureuses combinaisons pour organiser leurs expositions périodiques, — les directeurs des écoles de dessin, de façon qu'ils dissertent entre eux sur les systèmes qui réussissent le mieux à leur enseignement, et qu'ils s'enquièrent sur place et par leurs yeux des plus beaux modèles à faire reproduire par leurs écoliers et des ressources et programmes des écoles de Paris; — enfin, les artistes et les érudits, pour leur apprendre à s'appuyer les uns sur les autres, au grand profit de la province et au grand avantage de leur propre développement.

J'avais bien la conscience, messieurs, qu'une première convocation aurait quelque peine à mettre en branle beaucoup de collaborateurs. Ce fut le sort jadis du premier appel fait pour les trois sections, nos voisines, aujourd'hui les plus abondantes en communications de toute sorte. On est venu pourtant, et la Sorbonne aujourd'hui est trop étroite pour contenir tous leurs délégués ; les heures sont trop courtes pour entendre leurs lectures. Vous, messieurs, quand nous aurons rempli nos trois séances de conversations profitables et quand vous serez rentrés dans vos Sociétés pour leur rendre compte du voyage à la salle Gerson, veuillez dire à vos collègues que M. le ministre des Beaux-Arts attend d'eux autant et plus que le ministre de l'Instruction publique n'attend de ses Sociétés littéraires et savantes, et qu'il en attend, non des traités d'esthétique, mais des travaux actifs, des répertoires de faits ; que l'*Inventaire des richesses d'art* réclame ardemment et avant tout leur collaboration de chaque jour ; que vous avez trouvé dans la Direction des beaux-arts l'idée fixe de mêler foncièrement la province au progrès du goût français et de l'industrie nationale, par le développement de l'enseignement du dessin dans les écoles primaires et secondaires ; que si l'Administration se préoccupe, en ce moment même, avec raison de mettre vos monuments, vos églises et vos musées à l'abri des déprédations, des réparations ignorantes, et des offres tentatrices de brocanteurs, organisés en bandes plus dangereuses que les bandes noires, elle n'a eu d'autre souci, dans ces dernières années, que de déverser sans relâche sur les villes plus éloignées tout ce que contenaient les magasins de l'État en tableaux, en modèles, en estampes, en livres, en produits de ses manufactures, tout ce qui pouvait être un moyen d'instruction et d'excitation des esprits ; qu'il ne tiendra pas à elle que les ressources étroites dont elle dispose ne se répartissent avec la plus impartiale égalité entre toutes les provinces de France, si les provinces, de leur côté, la veulent aider dans l'embellissement de leurs édifices et de leurs places publiques ; que jamais, en un mot, la province, dont la glorification fut la tâche passionnée de ma jeunesse, n'a trouvé dans une administration plus de sympathie et de chaleureux dévouement que ceux dont nous sommes animés ici pour elle et pour ses représentants. Que la province, en retour, me pardonne de prétendre troubler sa douce lenteur et sa paresseuse quiétude. Si j'emporte un jour quelque bonheur du poste que l'on m'a confié, ce sera pour avoir cru à l'activité en un temps où chacun semblait vouloir s'y soustraire, d'avoir voulu, en ces trois années, Dieu merci, bien remplies, marcher quand chacun se montrait, d'instinct, rétif à la marche ; d'avoir cru que le zèle de l'art et des artistes pouvait être en France, aujourd'hui, le meilleur et le plus utile courant du patriotisme.

PROCÈS-VERBAUX DES SÉANCES

Séance du 4 avril.

PRÉSIDENCE DE M. HUBERT LAVIGNE, MEMBRE DE LA SOCIÉTÉ DE L'HISTOIRE DE L'ART FRANÇAIS.

M. Jules LE ROUX, délégué du Cercle artistique de Marseille, expose dans un Mémoire très-développé la fondation et les accroissements du Cercle dont il est le président, et qui a réuni, dès 1868, en un seul faisceau, les efforts des amis des arts de la ville.

Le Cercle est divisé en trois sous-commissions, de littérature, de musique, de peinture, qui organisent des conférences, des concerts, des expositions.

La sous-commission littéraire a fondé une bibliothèque contenant aujourd'hui 2,000 volumes, qui comprennent des journaux, des revues, des livres d'art, des voyages, des romans et des catalogues de ventes de tableaux ou d'objets d'art. Elle a institué des conférences faites par les professeurs des facultés et des lycées, conférences imitées par d'autres sociétés, qui empruntent parfois les salles du Cercle et lui forment ainsi une clientèle ; enfin, elle a publié les œuvres inédites de littérateurs provençaux.

La sous-commission de musique a formé un orchestre et des chœurs qui ont pu donner plus de soixante concerts depuis la fondation du Cercle, où l'on a exécuté des œuvres classiques et modernes et les œuvres inédites de compositeurs provençaux. Le Cercle a de plus secondé des artistes marseillais dans 150 concerts donnés par son orchestre et dans sa salle. Il possède enfin 250 partitions, 120 symphonies et 500 morceaux divers.

La sous-commission de peinture a organisé des expositions tant locales que générales. Dans la première, organisée en 1868, les artistes étrangers les plus illustres ont été admis concurremment avec ceux du pays. En 1869, l'exposition s'est restreinte à l'œuvre du paysagiste provençal Prosper-Grézy.

En 1870, une exposition rétrospective mit en lumière les faïences provençales, sur l'histoire desquelles des conférences furent faites. Depuis ce temps, le goût des collectionneurs s'est développé à Marseille.

Après plusieurs expositions exclusivement composées, l'une de dessins et d'aquarelles, l'autre de tableaux anciens, en 1873 fut exposée l'œuvre de G. Ricard, de Marseille. Des expositions modernes ont occupé les années suivantes.

Les tombolas ont permis d'acquérir les tableaux des peintres du pays et ont servi à développer le goût de la peinture chez les habitants de Marseille, qui ne possédaient aucune œuvre d'art il y a quinze ans.

Enfin, les conférences, les concerts et les tombolas de bienfaisance ont permis au Cercle artistique de concourir pour une part importante à secourir les grandes infortunes qui depuis plusieurs années ont ému le pays.

Le Cercle compte 600 membres aujourd'hui. Son organisation a été imitée à Montpellier, et est étudiée à Nice.

M. Véron, peintre délégué de l'Académie des beaux-arts de Poitiers, a lu un projet d'Institut universel des sciences, lettres et arts, reliant et centralisant à Paris le mouvement intellectuel de l'Europe.

M. Noel, architecte, délégué de la Société des Amis des arts d'Orléans, a exposé les efforts d'une Société modeste, qui ne dispose que de faibles ressources, pour fonder des conférences mensuelles sur l'art et la littérature, et organiser des expositions annuelles des beaux-arts et des arts appliqués à l'industrie, pour récompenser les élèves des cours de dessin de la ville.

La Société des Amis des arts d'Orléans a été fondée en 1865, sous la présidence de M. Eudoxe Marcille. La cotisation est minime, ses membres sont peu nombreux, et le capital lui fait défaut pour créer une bibliothèque, posséder un local pour ses conférences et les publier.

M. Noël signale le défaut d'enseignement du dessin linéaire dans les écoles primaires municipales, que suivent cependant les futurs sculpteurs sur bois, dont l'industrie a pris un certain développement.

M. Petit, délégué de la Société de l'Union artistique du Pas-de-Calais, qui date de trois années seulement, expose que la Société qu'il représente est une Société de secours mutuels entre les artistes, qui a pour objet de leur donner des secours et une pension de retraite.

Elle a, de plus, organisé une exposition permanente des œuvres des artistes du pays, qui sont ses adhérents, et, chaque année, une vente à l'encan de ces œuvres, qui a donné des résultats inespérés.

De plus, elle organise chaque année une exposition de dessins des élèves des écoles, auxquels elle donne des prix, accordant aussi des diplômes aux professeurs les plus méritants.

Enfin, elle prépare la publication d'un bulletin trimestriel, accompagné de dessins publiant des notices sur les artistes du Pas-de-Calais.

M. Véron expose les développements de l'école des beaux-arts de Poitiers.

M. Levé, de la Société académique du Cotentin, à Coutances, explique que cette Société a fondé un musée local, et publie un bulletin.

La séance, levée à trois heures, est renvoyée au lendemain jeudi à deux heures, afin de permettre aux membres délégués de visiter l'École des beaux-arts à midi.

Séance du 5 avril.

PRÉSIDENCE DE M. L'ABBÉ CHEYSSAC, DE LA SOCIÉTÉ D'HISTOIRE
ET D'ARCHÉOLOGIE DE LA DORDOGNE.

M. Marionneau, délégué de la Société artistique de Nantes, entretient la section de l'état d'avancement de l'Inventaire des richesses d'art dans la ville de Nantes.

Le travail est presque achevé pour les églises. La cathédrale, outre le tombeau si connu de François II, exécuté par Michel Colombe, d'après un dessin de Jehan Perréal, et la coupole peinte par Charles Errard, possède un tableau de son père représentant *Jésus-Christ baillant les clefs à saint Pierre,* dont le contrat d'adjudication a été trouvé aux Archives.

A côté des œuvres du dix-huitième siècle, les églises de Nantes possèdent des peintures importantes d'artistes modernes.

Dans quelques églises rurales, des peintures historiques, copies probables d'œuvres plus anciennes, ont aussi été inventoriées. Ainsi, une église de village possède une représentation du *Mariage de Jean V avec Marguerite de Navarre,* qui doit être une copie d'une œuvre antérieure.

M. Marionneau, qui a résidé à Bordeaux avant de se fixer en Bretagne, annonce que l'inventaire est déjà fait par lui depuis 1865 et publié pour les églises de Bordeaux, et qu'il prépare celui des édifices civils qui ont été construits pour la plupart sous les influences successives des architectes Gabriel et Louis.

M. E. Groult, délégué de la Société historique de Lisieux, lit un mémoire sur les musées cantonaux.

D'après le plan adopté en Suisse, où il existe déjà plusieurs de ces musées, ceux-ci se divisent en quatre sections :

Section artistique, comprenant toutes les œuvres d'art, quelle qu'en soit l'origine, trouvées dans le canton ;

Section scientifique, comprenant en nature et en représentation les instruments scientifiques, la géologie, les fossiles, les animaux et les plantes de la région ;

Section agricole et industrielle, spéciale à l'agriculture et à l'industrie du canton, montrant les spécimens des roches, des graines, des fruits, des racines et des produits manufacturiers ;

Section historique, comprenant les monuments et leur histoire, les noms des hommes marquants et même des agriculteurs et des industriels qui ont mérité des distinctions.

Des expositions temporaires d'une section complètent cet ensemble par l'apport des contributions particulières.

La salle de la mairie, de la caisse d'épargne ou de la justice de paix sert à l'installation de ce musée, où peuvent être conservés une foule de débris du passé qui périraient faute d'abri.

Une conversation s'établit à la suite de cette communication accueillie avec une grande faveur, conversation dans laquelle M. l'abbé Cheyssac informe l'assemblée que plusieurs musées locaux

ont déjà été créés dans la Dordogne avec le concours des institu
teurs, lesquels présentent un réel intérêt.

Les musées communaux lui semblent devoir être l'embryon du
musée cantonal, surtout si les élèves doivent y trouver une utilité
immédiate pour la direction de leurs études.

M. Cheyssac est d'accord avec le maire de sa commune pour la
réalisation de cette institution, mais il pense qu'un encouragement,
surtout moral, doit venir de l'Administration centrale, tant les instituteurs redoutent de prendre la moindre initiative en quoi que ce
soit, dans la crainte de devancer leurs chefs et de leur déplaire.

M. Marionneau a réalisé la même pensée pour le canton qu'il
habite en Bretagne, et a pu déjà réunir des spécimens de toutes
les phases de l'art depuis l'époque préhistorique jusqu'à l'époque
moderne.

M. E. Groult, reprenant la parole, constate que le musée cantonal créé à Mézidon a déjà acquis une importance assez considérable pour avoir pu, avec ses doubles, ébaucher des musées
scolaires.

M. Jonquet, de la Société artistique de l'Hérault, expose les
progrès et les développements de cette Société.

Fondée en 1868, elle a pour ressource des subventions admi-
nistratives et des cotisations, qui lui permettent d'acheter des
œuvres d'art qu'elle distribue entre ses membres, au moyen d'une
loterie.

Afin d'affirmer son caractère départemental, elle provoque des
expositions dans les villes du département et même de la région, à
la condition que ces villes couvriront les frais du transport et de
l'installation.

C'est ainsi que les expositions se sont faites successivement à
Montpellier et à Béziers, et même, en 1870, à Narbonne, qui est
située dans un département voisin.

Administrée par un bureau et une commission, la Société se
compose de membres fondateurs engagés pour cinq ans et de membres libres dont la souscription est moindre.

Afin de reconnaître l'aide que lui donne la ville en lui prêtant
deux salles, l'une pour ses réunions, l'autre pour ses séances, elle
a offert un tableau à son musée.

M. Gréau, président de la Société académique des Amis des arts de l'Aube, expose l'organisation de ladite Société, dont le bureau seul est permanent. Celui-ci décide de l'opportunité des expositions et provoque des souscriptions qui sont entièrement consacrées à l'acquisition d'œuvres d'art.

Les frais sont payés par les droits d'entrée aux expositions et par les subventions du département et de la ville de Troyes.

En 1875, à l'occasion du concours régional, les acquisitions ont monté à la somme de 15,000 fr.

Comme représentant de la Société académique, M. Gréau fait l'historique de l'école de dessin de Troyes, fondée en 1778 pour l'éducation des artisans, et dont l'éminent statuaire Simart est sorti.

Dans les années qui ont suivi la fondation de cette école, trois expositions furent faites des dessins de ses élèves. Afin de leur donner plus d'intérêt, les amateurs furent appelés à y joindre les œuvres d'art en leur possession. C'est ainsi qu'au dix-huitième siècle, trois de ces expositions, que l'on appelle aujourd'hui rétrospectives, furent organisées et réalisées en Champagne.

Abordant la question de l'Inventaire des richesses d'art de la France, M. Gréau constate qu'il l'avait commencé avant de recevoir l'appel de la direction des beaux-arts. Il est presque achevé pour la ville de Troyes, dont les églises sont si riches en monuments de toute espèce.

A ce propos, une conversation s'engage sur les causes de l'abondance des œuvres d'art dans cette ville. Les foires de Champagne, si célèbres au moyen âge, ayant accumulé de grandes richesses dans la ville, lorsque celle-ci fut presque entièrement détruite par l'incendie de 1524, ce fut une émulation universelle pour la reconstruire et orner ses édifices nouveaux.

M. Babeau, de la Société académique de Troyes, constate qu'à cette occasion l'influence italienne, déjà maîtresse à Fontainebleau, se substitua à celle des écoles du Nord, qui avait régné jusque-là à Troyes, placée sur les confins de la Flandre et de la Bourgogne.

M. l'abbé Cheyssac, président, prononça les paroles suivantes avant de lever la séance :

« Permettez-moi, messieurs, avant de clore la séance, de vous
« renvoyer l'honneur qui m'a été fait. Mon embarras serait grand
« si je ne considérais la robe que je porte. M. le Directeur des
« beaux-arts, en m'invitant à m'asseoir au fauteuil, et vous, mes-
« sieurs, en m'encourageant par vos applaudissements, avez établi
« une fois de plus que vous conserviez les bonnes traditions de
« l'art français, qui appartient avant tout à la grande école du res-
« pect. Oui, messieurs, souffrez que je le dise, en demeurant dans
« ma sphère et rappelant une pensée de saint Augustin, par l'hon-
« neur accordé à mon caractère de prêtre, vous avez honoré vos
« mérites et célébré votre reconnaissance envers l'Église qui a été
« et sera toujours le promoteur de tous les progrès véritables;
« vous avez ainsi affirmé l'alliance indissoluble qui existe entre
« l'Église et l'art, à qui je puis appliquer dans la circonstance ces
« mots du Psalmiste : *In domo Dei ambulavimus cum consensu.*
« Nous avons toujours marché de concert dans la maison du
« Seigneur. » C'est la pensée qui s'offrait à moi en entendant
« M. Marionneau exposer, avec sa verve méridionale, quels sont
« les trésors d'art des églises de Nantes, et nous rappeler une fois de
« plus que l'Église et l'art, comme ces deux filles de Dieu, la jus-
« tice et la paix, se sont rencontrés pour se donner le baiser fra-
« ternel sous les voûtes de nos temples, où les beaux-arts réalisent
« le noble titre de catholique dans la plus large acception du mot.
« Laissez-moi donc, en terminant, vous remercier, au nom du
« clergé, de votre délicate bienveillance, et me retirer avec les
« meilleurs souvenirs de cette séance, qui va se clôturer par une
« visite aux Gobelins. »

La séance est levée à quatre heures.

Séance du 6 avril.

PRÉSIDENCE DE M. MARIONNEAU.

M. Véron lit une étude intitulée : *Une hérésie de Platon, et de l'utilité de la poésie et des beaux-arts dans la République.*

Il s'étonne que l'homme qui avait joué un rôle si actif dans les guerres athéniennes ait cru que l'art amollissait les courages et les cœurs, et il croit que Platon a voulu réagir contre l'imitation de la nature dans l'art, et, réservant sa pratique à un petit nombre d'adeptes, rendre à l'art son idéalisme d'autrefois.

Dans la seconde partie de son étude, M. Véron soutient que la couleur est aussi idéaliste que le dessin, et même qu'elle l'est souvent davantage. Il passe en revue les peintres et les sculpteurs de l'école française, depuis la Renaissance jusqu'à nos jours, et ne désespère pas de l'école moderne pour maintenir les grandes traditions de l'art sous la République.

M. Marionneau regrette que, dans cette rapide revue, l'art du moyen âge n'ait pas trouvé place, lui surtout qui est si essentiellement national.

M. Mélicourt, secrétaire de la Société des Amis des arts de Dieppe, fait l'historique des progrès de l'art dans la ville qu'il habite.

L'école de dessin donnait un enseignement banal, tandis que les ivoiriers travaillaient d'après d'anciens procédés, jusqu'à ce que Graillon fît sortir l'art du sculpteur sur ivoire de ses antiques errements.

En 1860, un musée fut créé, avec l'aide d'intermédiaires qui ne l'enrichirent guère, puis augmenté par les envois du ministère des beaux-arts.

La fondation de la Société des Amis des arts résulta de la présence à Dieppe de quelques artistes qui s'y étaient réfugiés pendant la guerre. Elle commença la série de ses expositions annuelles en 1871, et put faire des acquisitions à partir de l'année suivante, acquisitions qui n'ont fait que s'accroître,

Les succès de ces expositions ont engagé l'administration muni-cipale à organiser convenablement les salles du musée, qui aujour-d'hui reçoit le jour d'en haut.

L'école de dessin manque d'une classe d'ornement, dont les cours faits le soir donneraient des leçons de goût et des modèles aux artisans de la localité.

M. Mélicourt expose ses idées sur ce cours qui aurait pour base la grammaire de l'ornement, dont les planches agrandies par le professeur serviraient de modèle aux élèves.

L'Inventaire des richesses d'art de la France produira peu à Dieppe, où le bombardement par les Anglais a produit de grands ravages. Cependant, M. Mélicourt cite quelques tableaux remar-quables de l'école française.

M. LE DIRECTEUR DES BEAUX-ARTS, appelé à prendre la parole par un passage de la communication de M. Mélicourt, explique les difficultés qu'éprouve l'administration à envoyer toujours des chefs-d'œuvre aux musées de province : le principal, c'est qu'elle n'en trouve pas toujours à acquérir à la suite des Salons.

Revenant sur la question de l'enseignement de l'ornement, M. le Directeur annonce la fondation définitive à Paris d'un musée d'art décoratif, au développement de laquelle la province peut concourir par des moulages.

M. JOLIBOIS, de la Société des Amis des arts d'Albi :

Le département du Tarn possède deux musées : l'un à Castres, l'autre à Albi, mais aucune société d'art. La rédaction de l'Inven-taire des richesses d'art de la France va changer cet ordre de choses par la création d'une Commission qui se ramifie sur tout le département, et comprend l'étude des beaux-arts, de la littérature et des sciences. Cette Commission constitue en définitive une Société des Beaux-Arts pour la région.

Les travaux de la cathédrale ayant laissé sans emploi un grand nombre de sculptures anciennes, celles-ci ont été rassemblées sous des abris dans le local où les tableaux déjà possédés par la muni-cipalité formaient un modeste musée.

M. BRAQUEHAYE, professeur à l'École philomathique de Bordeaux, donne des renseignements sur le cours qu'il professe aux ouvriers.

L'archéologie est le point de départ de cet enseignement, qui, suivi avec un grand intérêt par les élèves, a donné lieu à des résumés et à des dessins que M. Braquehaye soumet à la réunion. Il lit même l'introduction très-remarquable que l'un de ses élèves ouvriers, M. Moulinié, a écrite en tête de ses résumés.

Dans cette introduction, l'art industriel est mis à sa juste place comme ayant été fort souvent l'expression la plus élevée de l'art, aussi bien chez les Grecs que chez les modernes. L'union de toutes les sciences et de tous les arts dans la fabrication d'une seule chaise est mise également très-spirituellement en relief par cet élève.

Un travail de M. Usquin, délégué de la Société archéologique de Montpellier, sur le musée Bruyas, est lu, en son absence, par M. Jonquet.

En 1840, M. Bruyas commença sa collection par l'acquisition d'anciens tableaux, puis se livra exclusivement à l'école française, dont il connut la plupart des représentants. Il établit même une sorte de concours entre les peintres des écoles les plus opposées, e faisant exécuter par eux son portrait. C'est l'analyse de ces portraits qui fait le fond du Mémoire de M. Usquin. Eugène Delacroix, Tassaërt et MM. Cabanel, Courbet, Glaize sont les auteurs de ces portraits que certains d'entre eux ont exécutés plusieurs fois.

En 1868, M. Bruyas fit don à la ville de Montpellier de sa collection qui, outre les tableaux dus aux artistes les plus illustres de l'école contemporaine, peintres d'histoire, de genre, de paysages et d'animaux, renferme une série nombreuse de bronzes de Barye.

M. Quénault, de Coutances, entretient la réunion de la création du Musée de Coutances, dont le fond est dû aux envois du ministère, autour desquels sont venus se grouper des œuvres d'art possédées par la ville et données par des amateurs. Il soumet à la réunion la photographie d'un magnifique buste en bronze de provenance antique.

M. A. Louvrier de Lajolais communique à l'Assemblée le projet de création d'un *Musée des arts décoratifs,* qui est en ce moment à l'étude et qui serait fondé par une Société particulière unie avec l'*Union centrale des beaux-arts appliqués à l'industrie.*

La première pensée d'un établissement de ce genre remonte en France à une époque antérieure à la date de la fondation, à Londres, du *South Kensington Museum*. En 1849, Klagmann et quelques amis s'étaient réunis pour rechercher les moyens de seconder nos industries d'art à l'aide d'un enseignement spécial et complet. Ils avaient pour eux l'expérience de la vie d'atelier, et reconnaissant l'insuffisance des ressources dont disposait l'industrie pour former et recruter des artistes et des artisans capables de la maintenir au rang qu'elle avait obtenu, ils étaient tombés d'accord qu'un des meilleurs auxiliaires de l'instruction donnée dans les Écoles serait un Musée qui comprendrait les types des grandes époques de l'art et qui constituerait, par des exemples, toute l'histoire de l'art décoratif.

Du vœu exprimé par Klagmann à la première tentative pour le réaliser, il a fallu de longues années, car ce n'est qu'en 1863 qu'une Société s'est formée, résolue à entreprendre les améliorations jugées nécessaires pour soutenir nos intérêts.

L'*Union centrale* se mit bravement à la tête de ce mouvement, et elle entreprit une campagne d'agitation en ce sens. Sans autres ressources que la responsabilité de ses fondateurs, elle créa à la place Royale une bibliothèque et un musée publics, ouvrit des conférences et organisa des expositions biennales au palais des Champs-Élysées, dans lesquelles elle s'efforça de rendre sensible au public le lien qui rattache l'industrie artistique à l'enseignement populaire des arts du dessin.

La nouveauté du sujet ne laissa pas le public indifférent, et l'éclat des exhibitions des industries spéciales, ajouté à celles des produits de l'art ancien, assura à la jeune Société des ressources qui lui permirent de vivre et de marcher lentement, mais sûrement, à son but.

Il fallait démontrer l'indispensable nécessité d'une réforme avant de songer à développer le Musée dont on possédait l'embryon : il fallait lutter contre les routines, conquérir de chaudes adhésions, triompher de l'indifférence et des inimitiés. Quinze années de travaux incessants ont été employées à la poursuite de ce résultat, et personne aujourd'hui n'a perdu le souvenir de ces intéressantes expositions qui réunissaient à la fois les écoles de dessin, leurs concours, l'industrie moderne et le musée rétrospectif.

La foi en notre œuvre est devenue la foi de tous ceux qui s'intéressent à la prospérité de nos industries décoratives, et aujourd'hui il n'est personne qui ne reconnaisse que l'*Union centrale* a rendu au pays un véritable service en posant perpétuellement comme une question de l'ordre le plus important l'examen des réformes à apporter dans l'enseignement du dessin.

L'heure est venue de transformer en réalité les vœux de Klagmann et de la Société de l'*Union centrale*. A la suite de notre dernière exposition, pendant laquelle nos jurys nous ont exhortés à poursuivre énergiquement nos efforts, à l'occasion de notre distribution des récompenses, M. le Directeur des Beaux-Arts et M. le Ministre de l'Instruction publique et des Beaux-Arts nous ont vivement indiqué le chemin où nous devions nous engager, pendant que d'autre part un groupe d'hommes actifs et entreprenants s'ingéniait à préparer le public à nous aider dans la création d'un Musée.

Ce Musée est aujourd'hui en voie de formation, par suite de la fusion d'un groupe présidé par M. le duc d'Audiffret-Pasquier avec l'*Union centrale* dont on prépare les statuts.

Il n'entrera point en lutte avec les Musées du Louvre et de l'hôtel de Cluny, où les œuvres exquises de l'art sont conservées, mais il les complétera par des œuvres secondaires que les personnes intéressées à les étudier pourront manier, et qui formeront le fond de musées ambulants. Ces musées serviront d'enseignement supérieur pour les écoles de dessin qui marchent aujourd'hui sans guides, mais dont l'action serait augmentée par la vue des créations des époques antérieures. L'exemple du Musée céramique et des écoles de Limoges fondés par M. Dubouché, écoles devenues les premières de France par l'enseignement, prouvent l'utilité de cette union.

Les délégués n'apprendront pas sans intérêt les efforts qui sont faits pour soutenir la vieille suprématie de nos industries décoratives, et nous ne doutons pas qu'à l'heure où nous nous adresserons au pays tout entier pour nous aider à créer cet établissement indispensable, ils ne soient disposés à nous servir de toute leur influence et de leur bonne volonté. C'est une œuvre nationale qui va être entreprise; elle ne saura manquer de trouver le concours de ceux qui se sont toujours inscrits des premiers à la tête des Sociétés dont l'objet est de maintenir en France l'honneur et l'éclat des arts libéraux. Le Musée que nous voulons fonder est l'auxiliaire de l'enseignement des arts du dessin ; il sera le Musée de l'artisan : les collections ambulantes, en répandant partout le bienfait des richesses de l'art, compléteront les connaissances acquises à l'école et contribueront à aider les villes dans les sacrifices qu'elles s'imposent pour élever le niveau de l'instruction populaire.

M. de Lajolais rappelle, au sujet de la création du Musée des arts décoratifs, les paroles de M. le marquis de Chennevières, qui s'exprimait ainsi en s'adressant à l'*Union centrale :*

« Quand il s'agit de l'instruction des cent mille ouvriers qui vivent de l'application des arts à l'industrie et en font profiter la patrie, il n'y a plus place à de vaines questions de primauté d'initiative. Qui créera le mieux et le plus vite le musée par excellence de l'instruction populaire sera assurément l'organisateur préféré. La ville de Paris est certainement aussi pressée que vous d'avoir son Kensington : elle vous a prouvé en toute occasion qu'elle appréciait ce que vous tentiez pour le progrès de ses artisans, et il vous suffira de lui rappeler que Lyon a son musée des arts décoratifs approprié à son industrie locale, pour qu'elle ne vous refuse pas les moyens de lui procurer, sur une plus large échelle, les mêmes ressources d'enseignement, de jour en jour plus nécessaires à l'accroissement de sa splendeur. »

M. BRAQUEHAYE offre, à l'appui de la communication de M. Louvrier de Lajolais, l'exemple de l'enseignement qu'il donne à Bordeaux, et qui est basé sur l'étude des monuments des époques antérieures.

La section regrette de n'avoir pu entendre la lecture d'un travail de M. Albert BABEAU, secrétaire de la Société académique de l'Aube, sur le sculpteur du seizième siècle Dominique Florentin, cette lecture ayant été faite dans la section d'histoire.

M. le Directeur des beaux-arts, en sollicitant de la section son concours pour l'Inventaire des richesses d'art de la France, la remercie de ses communications et de son assiduité aux séances.

La séance est levée à trois heures, et la plupart des membres de la réunion, accompagnés du secrétaire de la section, Administrateur de la manufacture des Gobelins, se rendent à cet établissement, qu'ils visitent dans tous ses détails.

Séance générale du 7 avril 1877.

Le samedi 7 avril, à midi précis, a eu lieu, dans la grande salle du concours général, sous la présidence de M. Waddington, ministre de l'Instruction publique et des Beaux-Arts, la distribution des récompenses aux Sociétés savantes des départements.

Ont pris place sur l'estrade : MM. Léon Renier, Léopold Delisle, Milne-Edwards, A. Maury, Chabouillet, Blanchard, Hippeau, marquis de Chennevières, Jourdain, A. Darcel, Daubrée, H. Martin, du Mesnil, du Sommerard, de Cardaillac, Théry, de Lasteyrie, chef du cabinet du ministre, de Watteville et Servaux.

Dans la réunion nombreuse qui occupait l'amphithéâtre, on remarquait MM. Mourier, vice-recteur; baron Larrey, A. de Barthélemy, Chéruel, Zeller, de Guilhermy, Desnoyers, A. Bertrand, comte Clément de Ris, Desjardins, G. Picot, de Boislisle, comte Édouard de Barthélemy, A. Tardif, Bellaguet, Faye, Lissajous, Gervais, Vieille, Maggiolo, Lescœur, Boucher de Molandon, François Morand, comte de Longpérier-Grimoard, Chassaing, de Vinols, Mulsant, Isidore Pierre, Raulin, Flouest, Bulliot, Caillemer, l'abbé Ulysse Chevalier, Fromentel, Sirodot, Piette, Alluard, Cournault, Worms, comte de La Ferrière-Percy.

Quatre rapports ont été lus sur les travaux des Sociétés savantes et des savants qui ont obtenu des récompenses, par MM. Chabouillet, pour la section d'archéologie; Blanchard, pour la section des sciences; Hippeau, pour la section d'histoire et de philologie.

M. Alfred Darcel, secrétaire de la section des beaux-arts, a lu ensuite le rapport suivant :

MESSIEURS,

Une lettre circulaire adressée aux préfets, le 14 août 1876, par M. le ministre de l'Instruction publique et des Beaux-Arts, — celui qui nous fait l'honneur de présider cette réunion, — les priait de lui faire connaître les Académies, les Sociétés savantes et les Sociétés de beaux-arts, actuellement organisées dans les départements, avec lesquelles son administration pourrait entrer en relation afin de dresser l'Inventaire des richesses d'art de la France.

Cette même lettre demandait des renseignements sur les publications que ces Sociétés auraient déjà faites et qui pourraient servir de base à l'Inventaire de leur département. Elle en demandait aussi sur les personnes qui, en dehors ou au défaut de ces Sociétés, paraîtraient capables de prêter une collaboration utile.

Enfin, M. le ministre annonçait le projet d'assimiler dans l'avenir les Sociétés qui, sous des titres divers, s'occupent de l'encouragement des beaux-arts, aux Académies et aux Sociétés savantes qui correspondent déjà avec le ministre de l'Instruction publique, et de les appeler à prendre part aux réunions solennelles qui ont lieu chaque année, ainsi qu'aux récompenses qui y sont distribuées.

C'est en vertu de cette lettre qu'ont été appelés à prendre part aux travaux des réunions de la Sorbonne les délégués de soixante Sociétés d'art qui ont été signalées comme possédant une organisation sérieuse, et c'est pour la première fois que ces délégués prennent place dans cette enceinte.

Aussi n'avons-nous à parler ni de travaux accomplis, ni de récompenses à décerner pour ces travaux. Notre tâche est autre. Il nous faut expliquer ce que l'Administration attend des Sociétés d'art pour les progrès de l'étude et de la pratique des beaux-arts dans les départements, ainsi que pour la conservation des richesses d'art qu'on y possède.

Ainsi que le disait excellemment M. le marquis de Chennevières dans le discours qui a ouvert nos réunions, les conditions de la vie provinciale ont été profondément modifiées par la Révolution et par l'état social qui en est la conséquence. Il n'existe plus de ces villes parlementaires où leurs fonctions retenaient les familles aristocratiques; avec elles disparurent les académies de dessin dont les représentants peignaient les portraits de cette aristocratie, et décoraient leurs hôtels ou leurs châteaux. Tout l'art converge aujourd'hui vers Paris : mais il faut que désormais ceux qui viennent lui demander l'existence et la notoriété y arrivent mieux préparés, et surtout puissent retourner dans leur province pour y exercer une influence salutaire.

Des écoles municipales de dessin sont ouvertes aujourd'hui dans toutes les villes de quelque importance, qui sont destinées pour la plupart à donner une instruction solide aux artisans. Lorsque leur enseignement s'adresse à une organisation d'élite, il peut produire des artistes qui, poursuivant leurs études avec l'aide des municipalités et des conseils départementaux, deviennent l'honneur de l'art français.

Le président de la Société des Amis des arts de l'Aube, M. Gréau, nous rappelait dans l'une des réunions de notre section que, de l'école de Troyes, fondée en 1778 et encore en pleine activité aujourd'hui, était sorti naguère l'éminent statuaire Simart. Et si chacun de nous voulait rappeler ses souvenirs, il pourrait citer les noms d'autres artistes illustres sortis également des écoles municipales de la province.

C'est de l'enseignement dans ces écoles que M. le ministre priera les Sociétés des beaux-arts de s'enquérir, afin de l'améliorer s'il est nécessaire, et de lui promettre de leur venir en aide par l'octroi de modèles, surtout de moulages, et même par l'envoi de ces jeunes professeurs auxquels l'École nationale des beaux-arts se prépare à donner des diplômes.

Déjà, messieurs, M. l'architecte Noël, de la Société des Amis des arts d'Orléans, nous a signalé l'absence de l'enseignement du dessin linéaire dans les écoles primaires de la ville, de telle sorte que les jeunes artisans qui suivent les cours de l'école municipale de dessin perdent une année, sur les trois qu'ils y consacrent d'ordinaire, à apprendre ce qu'ils devraient savoir lorsqu'ils y entrent.

Déjà, par contre, M. Braquehaye, de la Société philomathique de Bordeaux, nous a montré ce que l'on pouvait obtenir de simples artisans avec un enseignement bien coordonné.

Pardonnez-nous, messieurs, ces souvenirs, inusités dans cette enceinte, de nos séances d'hier. Mais notre section n'a point de passé, et il nous faut bien parler de son présent, afin de montrer ce que peut être son avenir.

C'est déjà beaucoup que les écoles municipales de dessin forment des artisans qui, habiles à manier la règle et le compas, le crayon ou le pinceau, l'ébauchoir ou le ciseau, seront, dans leur ville et dans la région dont elle est le centre industriel, les dignes rivaux des ouvriers parisiens. Ce n'est point un art d'agrément qu'elle leur donne, c'est un instrument de plus qu'elle met dans leur main, de même nature que la lecture, l'écriture et le calcul.

C'est beaucoup encore que ces écoles puissent donner un enseignement assez fort pour que l'élite de leurs élèves soit capable de suivre les cours de l'École nationale des beaux-arts; mais les Sociétés d'art ont à côté d'elles un rôle à jouer.

Par les expositions qu'elles provoquent ou qu'elles secondent, suivant qu'elles en sont les organisatrices, ou que leur rôle se borne à servir d'auxiliaires aux administrations municipales, elles offrent aux artistes locaux un enseignement en même temps qu'un marché. Il se forme une clientèle dans le public, dont le goût se forme aussi par la vue et par l'étude des œuvres les plus remarquables parmi celles exposées. Et, à cet égard, M. Charles Roux, président du cercle artistique de Marseille, dont il est un des fondateurs, nous donnait un renseignement bien concluant.

Marseille, cette cité si puissante et si riche, n'était rien moins qu'artiste il y a quelques années à peine. Sous l'influence latente des origines phéniciennes, que les savants viennent de lui découvrir, elle méconnaissait ses vraies origines phocéennes, c'est-à-dire grecques. Pas une œuvre d'art n'égayait la demeure de ces riches marchands. Eh bien, depuis que le cercle artistique a organisé ses expositions, il est peu de maisons qui ne possèdent un tableau gagné à ses tombolas et son pendant acquis directement. Des collections même se forment aujourd'hui.

Mais si les artistes qui se livrent aux genres, qu'il faut bien appeler secondaires, du paysage et du genre, trouvent un débouché qui s'accroît sans cesse par l'action des Sociétés d'art de la province, ces débouchés restent fermés à la grande peinture.

C'est ici, messieurs, que M. le ministre fait appel à l'action de ces sociétés.

Les grands travaux commandés pour décorer le Panthéon, pour remplir les vides des plafonds du Musée du Luxembourg, pour donner un lustre nouveau au palais de la Légion d'honneur, si sottement brûlé par les modernes barbares, ont ranimé parmi les artistes le goût et la pratique de la peinture décorative, que les travaux commandés par la ville de Paris avaient presque seuls soutenue jusqu'ici.

Car, il faut bien le dire, la direction et par suite le ministère des beaux-arts ne possèdent aucun monument qu'il leur appartienne de décorer. Les bâtiments civils, les édifices diocésains ressortissent à d'autres ministères. De telle sorte que c'est à la bienveillance des architectes chargés de l'entretien de ces monuments par les ministères dont ils dépendent, que celui des beaux-arts doit de pouvoir y employer, et à ses frais, les artistes qu'il a formés à l'École des beaux-arts, développés à l'École de Rome, et qu'il a maintenus dans les hautes sphères de l'art par des récompenses et des acquisitions à la suite des Salons; il lui faut même de longues négociations pour être admis à décorer ces monuments avec les vases et les tapisseries qu'il fait fabriquer dans ses manufactures nationales.

Or, il est à souhaiter, comme le disait M. le directeur des beaux-arts dans le discours déjà rappelé par nous, que les sociétés d'art de la province pèsent sur leurs conseils communaux et départementaux pour qu'ils entreprennent la décoration des monuments qui leur appartiennent, d'accord et de compte à demi avec le ministère. La Direction des beaux-arts leur enverra des artistes capables d'entreprendre et de mener à bien ces travaux. C'est ainsi que Paris pourra rendre à la province ceux-là mêmes qu'elle lui avait donnés et qu'elle craignait d'avoir perdus, et qui lui reviendront dans tout l'épanouissement de leur talent.

Mais il ne suffit pas de donner des travaux à ceux qui vivent, il faut songer à conserver les œuvres de ceux qui ont vécu. C'est pour y arriver que la commission de l'Inventaire des richesses d'art de la France a été instituée, commission qui devient le centre naturel des Sociétés d'art qui sont appelées à la seconder.

Plusieurs départements ont déjà répondu à son appel; quelques-uns même ne l'avaient pas attendu. M. Julien Gréau à Troyes, M. Marionneau à Bordeaux, avaient déjà commencé les inventaires de ces deux villes. Celui même des édifices religieux de cette dernière est publié.

C'est un concours actif, efficace, de chaque instant, et uniforme, suivant le modèle qu'elle a adopté et qu'elle a transmis à tous et partout, que la Commission sollicite de ceux qui voudront bien être ses correspondants. Ce sont les inventaires qu'ils lui transmettront qui seront surtout l'objet des récompenses que M. le ministre a bien voulu promettre pour l'an prochain.

Avant de terminer, messieurs, permettez-moi de solliciter encore le concours des Sociétés d'art au nom de la Commission de l'Inventaire des richesses d'art de la France, non plus pour cet inventaire, mais pour une œuvre qui s'y rattache. Il s'agit de l'exposition des portraits historiques français qui doit avoir lieu dans l'une des galeries du palais du Champ de Mars en 1878.

Le programme et le règlement de cette exposition vous seront bientôt adressés.

Mais laissez-nous vous dire que déjà dans les villes qui ont organisé des expositions rétrospectives en ces dernières années, à Tours, à Reims, à Nancy, les commissaires de ces expositions nous ont promis leur concours. Connaissant le terrain, ils y marcheront avec assurance.

Déjà aussi, sur une simple annonce, la Commission royale d'Angleterre nous a offert la contribution de ses nationaux. Elle se propose d'envoyer les portraits des personnages français et des personnages anglais ayant été mêlés à notre histoire qu'elle pourra réunir, quelle que soit la nationalité des artistes qui les ont peints.

Nos nationaux ne voudront pas certainement rester en arrière des étrangers, et la Commission est persuadée qu'elle trouvera auprès des conservateurs des musées ou des édifices municipaux, auprès des amateurs et auprès de vous, messieurs, le même concours et le même empressement qu'une autre commission avait trouvés jadis pour réunir, en 1867, le magnifique Musée temporaire de l'histoire du travail.

Vous avez pu voir que tout ce qu'avaient prêté les amateurs, les musées et les églises leur a été fidèlement rendu. La Commission de l'Inventaire des richesses d'art de la France fera de même, bien qu'il s'agisse surtout de tableaux. Car nous sommes d'honnêtes gens, quoique Parisiens, et nous vous promettons de ne rien garder pour les Musées de l'État, à l'accroissement desquels nous sommes tous dévoués.

DISCOURS DE M. LE MINISTRE
DE L'INSTRUCTION PUBLIQUE ET DES BEAUX-ARTS.

MESSIEURS LES DÉLÉGUÉS,

En me retrouvant pour la seconde fois au milieu de tant d'amis, au milieu de tant de collaborateurs dévoués, au milieu de tant de savants illustres, appelé pour la seconde fois à présider cette grande réunion, je veux tout d'abord, messieurs, souhaiter la bienvenue à notre nouvelle Section des beaux-arts, celle qui vient d'être inaugurée devant vous ; elle va prendre une part importante à vos travaux, et j'ai la certitude qu'elle ne sera pas indigne des trois autres sections, ses aînées. Je vous demande, messieurs, de vous associer à ce souhait de bienvenue, je vous le demande d'autant plus vivement, que nous avons dès aujourd'hui à faire appel à son dévouement.

Comme le disait tout à l'heure M. Darcel, il s'ouvre devant les membres de cette section tout un avenir de travail en commun, de collaboration avec les autres sections ; ils auront pendant longtemps à poursuivre, en province, une œuvre difficile et patiente. Il s'agit de sauver de l'oubli, en en faisant l'inventaire, ces nombreuses richesses artistiques qui sont éparpillées sur le sol de la France, que l'on retrouve dans nos mairies, dans nos églises, dans les maisons particulières, dans les châteaux, et qu'il importe de préserver d'une destruction possible, en en dressant la liste générale. C'est dans ce but que nous sollicitons le concours actif et dévoué de la nouvelle Section. (Assentiment.)

J'ai également un appel à faire à nos anciennes sections d'histoire et d'archéologie, j'ai à leur demander un nouveau concours et un nouveau service. Le ministère de l'Instruction publique a décidé, il y a quelque temps, la publication de tous les documents relatifs aux états généraux ; il y en a beaucoup qui ont déjà été publiés, mais on est fondé à croire qu'il en reste encore un grand nombre qui se trouvent cachés dans les bibliothèques publiques et privées des départements. Pour que cette publication soit complète, j'insiste encore auprès des membres des sections d'histoire et d'archéologie, et je les prie de nous adresser le plus tôt possible tous les documents et tous les renseignements qu'ils pourraient posséder ou découvrir sur cette partie si importante et si pleine d'intérêt de notre histoire nationale.

Il y a encore une autre publication sur laquelle j'appelle toute votre attention. C'est le recueil des rapports sur les Généralités demandés aux intendants par le gouvernement de Louis XIV; ces rapports constituent la première tentative qui ait été faite en France pour avoir une statistique générale du royaume. La plupart d'entre eux existent; mais il serait très-intéressant et très-instructif de remonter aux sources et de retrouver les matériaux sur lesquels les intendants du dix-septième siècle se sont appuyés pour rédiger leur travail. J'espère que cet appel ne restera pas sans écho et que vous pourrez nous signaler des documents de nature à compléter la publication déjà commencée. (Approbation.)

Je ne voudrais pas revenir sur ce qui a été si bien dit par MM. les rapporteurs; je ne veux pas vous retenir trop longtemps, cette séance ayant été plus longue que d'habitude, mais je tiens à vous dire quelques mots des principales missions scientifiques qui ont été accomplies à l'étranger depuis notre dernière réunion. Un certain nombre d'entre elles étaient déjà en cours d'exécution et ont continué à produire d'excellents résultats; il y en a d'autres qui sont nouvelles et qui n'ont pas été moins fructueuses.

M. Masqueray a continué ses recherches en Algérie; il a fait des découvertes importantes. Il a retrouvé des inscriptions des villes dont on ignorait l'emplacement, et il continue, au grand profit de la science, ses recherches persévérantes.

En Amérique, nous avons plusieurs explorateurs zélés et courageux qui nous envoient des renseignements très-précieux.

Au Pérou, M. Wiener a voulu suivre dans les Cordillères ce qu'on appelle la route des Incas, route qui menait à Cuzco, l'ancienne capitale du Pérou. Nous avons reçu tout récemment une dépêche de ce courageux voyageur, qui nous apprend qu'au moment où il était occupé à photographier un village des Andes, qui n'avait jamais été exploré, il a été attaqué et a reçu un coup de feu. Sa mule a été tuée sous lui ; par son énergie, il a pu se dégager de ses agresseurs, en recevant une blessure qui sera, je l'espère, bientôt guérie. (Vifs applaudissements.)

Plus au nord, M. André a terminé son exploration de la Colombie, et en a rapporté de très-grandes richesses pour l'histoire naturelle et archéologique de l'Amérique centrale.

Dans la Tunisie, M. le capitaine d'état-major Roudaire a terminé une entreprise commencée il y a deux ans : c'est l'étude du nivellement des *chotts* qui couvrent un très-grand espace de la Tunisie ; et au midi de l'Algérie, M. Roudaire a prouvé qu'il était possible, en perçant le seuil peu considérable qui sépare la Méditerranée des dépressions intérieures, d'établir une vaste mer intérieure. Je crois qu'il a démontré victorieusement la possibilité de cette entreprise ; reste à savoir si la dépense qui serait nécessaire se trouverait en rapport avec les résultats économiques et industriels que l'on pourrait en attendre. Quoi qu'il en soit, il y a là une découverte scientifique importante, et je suis sûr que vous vous associerez à moi pour féliciter M. Roudaire d'avoir heureusement conduit cette entreprise difficile et délicate. (Applaudissements.)

Dans la même région, nous allons avoir très-prochainement une nouvelle mission, très-importante, et entourée de très-grands dangers. Deux voyageurs, prêts à risquer leur vie dans l'intérêt de la science, MM. Say et Largeau, vont partir pour explorer les régions centrales du Sahara. C'est un pays où aucun Européen n'a encore pénétré ; c'est un massif montagneux, connu sous le nom de Ahaggat, habité par les Touaregs, sillonné par de nombreux cours d'eau et resté inexploré jusqu'à ce jour. Nos deux compatriotes entreprennent une tâche difficile et pleine de périls, et je vous demande de leur envoyer de ce foyer de lumières et de science où nous nous trouvons, l'expression de toutes nos sympathies et de nos vœux, pour que le succès vienne couronner leur dangereuse entreprise. (Applaudissements.)

En dehors des missions proprement dites, permettez-moi de vous entretenir de deux ou trois découvertes intéressantes dont je vous donnerai en quelque sorte la primeur.

Je vous en signalerai d'abord une qui appartient à un modeste professeur du lycée de Tours, M. Mouchot, découverte qui pourrait avoir un très-grand résultat pour le développement industriel de l'Algérie et des pays chauds. M. Mouchot croit avoir trouvé le moyen d'appliquer d'une manière directe la chaleur solaire à l'industrie. Si les procédés de M. Mouchot peuvent être mis en œuvre d'une façon pratique et facile, ils peuvent avoir une importance considérable pour ces portions de l'Afrique et de l'Asie qui, faute de combustible, ne peuvent prendre aucun développement industriel. Pour ne vous en citer qu'un exemple, je vous dirai qu'à Aden, où l'on est forcé de distiller l'eau de mer pour avoir de l'eau potable, le charbon de terre vaut 150 fr. la tonne! Il est évident que le savant qui parviendra à utiliser la chaleur solaire d'une manière pratique rendrait, je ne dis pas seulement à l'industrie, mais à l'humanité tout entière, d'immenses services. (Vive approbation.)

Permettez-moi de vous signaler encore une autre découverte très-heureuse pour les voyageurs, — et il y en a beaucoup dans cette enceinte, — c'est celle pour laquelle M. Alfred Chardon a déjà obtenu une récompense de la Société de photographie. Vous savez combien il est difficile dans les pays non civilisés, en Afrique par exemple, d'obtenir des épreuves photographiques à l'abri d'accidents. Sollicité par la Société de photographie, qui avait mis la question au concours, M. Alfred Chardon a résolu le problème, et a obtenu des surfaces qui conservent leur sensibilité pendant plus de deux mois, au même degré que si elles venaient d'être préparées depuis deux jours. Ce qui rend surtout précieux le nouveau procédé, c'est que la pellicule qui porte l'empreinte photographique est rendue incassable, et qu'on peut la détacher et la conserver dans un petit espace à l'abri des accidents. Tous ceux qui ont voyagé apprécieront les services que l'on peut attendre du procédé de M. Chardon.

Messieurs, j'ai réservé pour la fin une découverte dont vous reconnaîtrez toute l'importance et dont je puis véritablement vous offrir la primeur, grâce à l'obligeance de M. Alexandre Bertrand, le savant directeur du Musée de Saint-Germain. Cette découverte est destinée à avoir sur les études préhistoriques une influence décisive.

Un jeune ingénieur, M. Kerviler, occupé à creuser un bassin à Penhouët, près Saint-Nazaire, a constaté que les couches d'alluvions qui avaient été déposées par le fleuve pouvaient se compter d'une manière régulière, absolument comme les années d'un sapin peuvent se compter par les couches concentriques du bois.

M. Kerviler a remarqué que les dépôts annuels de la Loire se sont toujours effectués avec une constante régularité ; aussi loin qu'il a pu pénétrer dans les couches qui se sont accumulées, il a retrouvé la même disposition. Il a pu faire ses observations sur une hauteur de huit mètres, mais la profondeur totale est de trente mètres, je crois, et il se propose de pousser ses explorations jusqu'au sol granitique, au moyen d'un puits à large section.

M. de Quatrefages écrivait dernièrement, dans son livre sur l'espèce humaine, qu'il avait été impossible, jusqu'à présent, de déterminer d'une façon un peu précise la valeur chronologique des couches successives qui se sont formées soit dans les tourbières, soit dans d'autres alluvions, et qu'on n'avait aucune manière de déterminer les accroissements annuels ainsi formés. La découverte de M. Kerviler vient, je crois, de résoudre ce problème au moins pour cette partie de la France. Les couches sont de trois à trois millimètres et demi chacune ; chaque alluvion est formée de trois pellicules, l'une de détritus végétaux, l'autre de glaise et la troisième de sable : elles correspondent aux alluvions du fleuve pendant les différentes époques de l'année. Les végétaux arrivent à l'automne après la chute des feuilles, le sable et la glaise viennent s'y ajouter pendant l'hiver et pendant l'été. Les couches étant, comme je viens de le dire, de 3 1/2 millimètres, il en résulte que 35 centimètres représentent un siècle. Ce qui permet de déterminer d'une manière exacte l'épaisseur et le nombre des couches, c'est que le sable constitue une *couche d'isolement ;* lorsque la tranchée est exposée à l'air, le sable se désagrége, et l'on peut compter les couches, absolument comme les cercles concentriques d'un tronc de sapin.

M. Bertrand a déjà rapporté des blocs d'alluvion de Penhouët et des objets trouvés dans les fouilles, qui sont entre les mains des savants.

Comme je vous le disais, les investigations vont être continuées sur une grande échelle, et avec toutes les garanties scientifiques ; j'ai mis à la disposition de M. Kerviler la somme nécessaire pour continuer ses recherches. J'ajoute que déjà l'on a pu, grâce aux objets trouvés à différentes profondeurs, arriver à des résultats chronologiques importants. Ainsi, on a découvert des monnaies de l'empereur gaulois Tétricus, et la profondeur des couches où on les a trouvées, comparée au sol actuel, donne la date de trois cents ans après Jésus-Christ. C'est à peu près la date à laquelle vivait Tétricus. En allant plus avant, on a trouvé dans une couche de sable plus profonde des épées et un poignard en bronze, une hache en pierre polie avec un manche de corne de cerf, des bois de cerf aiguisés, des pierres percées qui servaient d'ancres à des embarcations, et, étant donné l'hypothèse de 35 centimètres par siècle, ces objets correspondraient au cinquième siècle avant Jésus-Christ. C'est aussi à cette époque que l'on peut les rapporter, d'après les données de la science.

Je ne crois pas devoir insister davantage sur l'intérêt qui s'attache à cette découverte ; qui permettra de fixer approximativement la fin de l'époque quaternaire sur ce point du globe, et qui suscitera certainement des recherches analogues sur d'autres points de la France et de l'Europe. J'ai pensé que la réunion des Sociétés savantes serait heureuse d'avoir été la première à en être informée. (Applaudissements.)

Je viens de vous faire en quelque sorte le bilan des travaux scientifiques de l'année qui vient de s'écouler. Permettez-moi de vous dire quelques mots de l'avenir et des travaux de l'année prochaine.

Je vous annonçais à votre dernière réunion que le gouvernement venait de décider l'ouverture de l'Exposition universelle de 1878. Ce qui n'était à cette époque qu'une espérance, car nous n'avions alors reçu aucune adhésion, est devenu une réalité. Nous sommes assurés du concours de presque toutes les nations civilisées du monde, et nous avons déjà la certitude que l'Exposition future sera la plus brillante de toutes celles qui ont eu lieu jusqu'à présent. Déjà le nombre des demandes d'admission est le double de celui de 1867.

Parmi les projets qui ont été étudiés par l'Administration en vue de l'Exposition, il y en a un qui vous intéresse particulièrement, c'est celui d'associer à cette grande Exposition industrielle et artistique des Congrès de Sociétés savantes des différents pays de l'Europe. Je ne puis pas vous donner aujourd'hui des détails sur ce projet, mais je puis vous dire que l'Administration a mis à l'étude les questions d'organisation et de dépense qui s'y rattachent : j'espère que les pouvoirs publics et le parlement nous donneront les moyens pécuniaires dont nous aurons besoin pour ces grandes assises de l'intelligence.

De votre côté, messieurs, préparez-vous à nous apporter d'utiles travaux ; préparez-vous avec confiance. Et ce mot, je le dis avec intention ; ayez confiance dans l'avenir comme nous l'avons nous-mêmes ; ayez confiance, parce que la politique du gouvernement, c'est la vôtre, c'est la politique de la France tout entière.

A l'extérieur, le gouvernement fait tous ses efforts pour obtenir le maintien de la paix, et il espère y réussir ; à l'intérieur, le gouvernement est un gouvernement d'ordre et d'apaisement ; il est avant tout un gouvernement qui cherche par tous les moyens possibles à répandre l'instruction à tous les degrés et à la fortifier dans tous les ordres. (Applaudissements.)

Oui, messieurs, sous la direction ferme et loyale du maréchal de Mac-Mahon, appuyés sur la confiance de la nation, nous avons foi dans l'avenir, nous avons foi dans les destinées de la République. (Vifs applaudissements.) Nous comptons sur vous, messieurs les délégués, nous savons toute l'importance qui s'attache à votre appui, nous en connaissons tout le prix ; car vous êtes, messieurs, les représentants les plus autorisés des intérêts intellectuels les plus graves et des aspirations scientifiques les plus élevées de la France ! (Applaudissements prolongés.)

M. le baron O. de Watteville, chef de la division des sciences et des lettres, a proclamé les noms des membres des Sociétés savantes et des beaux-arts, et des personnes chargées de missions scientifiques et littéraires qui, en récompense de leurs travaux, ont obtenu les grades d'officier d'Académie et d'officier de l'Instruction publique.

Parmi les membres des Sociétés des beaux-arts, ont été nommés officiers d'Académie : MM. Marionneau, secrétaire de la commission de surveillance du Musée de Nantes; Herluison, éditeur à Orléans.

LECTURES FAITES À LA SECTION DES BEAUX-ARTS.

(SALLE GERSON.)

I

RAPPORT SUR LA SOCIÉTÉ DES AMIS DES ARTS A MARSEILLE.

Marseille n'est pas seulement un grand centre de commerce et d'industrie, elle n'a jamais oublié son origine grecque et a toujours eu un goût très-vif pour les arts dans leurs diverses manifestations. Mais, quelle que soit la vivacité de l'esprit marseillais, quels que soient son enthousiasme et son amour du beau, ces brillantes dispositions seraient restées sans résultats si l'on n'avait su créer à Marseille un centre où le goût public pût se former et se développer par la contemplation et l'audition continuelles des chefs-d'œuvre de l'art.

L'artiste, lui, peut dans son cabinet ou dans son atelier, avec les seules ressources de son génie et de ses études personnelles, créer des œuvres originales et puissantes : mais pour que le goût public se forme, il faut qu'il puisse voir, voir beaucoup, comparer sans cesse; qu'il ait continuellement sous les yeux des éléments d'étude qui le fortifient et l'épurent; il faut, pour ainsi dire, qu'il ait à sa disposition une école toujours ouverte, dont l'entrée soit facile à tous, gratuite, et dont les leçons s'imposent à lui par la douce violence d'un irrésistible attrait.

On le comprit de bonne heure à Marseille, et plusieurs fois on essaya de réunir, comme en un faisceau, tous les éléments dispersés que l'art et ses admirateurs formaient dans notre ville. Deux tentatives entre autres furent faites, il y a fort longtemps, par le *Cercle des Beaux-Arts* et plus récemment par l'*Union des Arts*.

Grâce à l'institution de ces deux Sociétés, où la musique et la peinture comptaient de fervents admirateurs, on put croire un moment que le but que l'on cherchait était atteint ; — mais il n'en fut rien. Soit que les expositions et les concerts fussent trop peu fréquents, soit que ces Sociétés n'admissent à leurs fêtes artistiques qu'un public trop restreint, on ne vulgarisait pas : le goût de l'art restait comme enfermé dans ces étroits sanctuaires, où quelques privilégiés seuls étaient admis et d'où rien ne se répandait au dehors.

Ce fut alors, le 3 septembre 1867, que se forma notre Société sous le nom de *Cercle artistique*.

Comme toutes les idées justes, l'idée de notre Société naquit d'un besoin que tout le monde éprouvait, et que rien n'avait encore satisfait d'une manière suffisante. — Quelques jeunes gens épris de l'art, des musiciens, des littérateurs, des peintres, des amateurs, se réunirent en société : ce n'était pas, à proprement parler, un cercle qu'ils cherchaient. Notre ville en possédait un assez grand nombre qui leur eussent offert une brillante et confortable hospitalité ! Ce qu'ils voulaient, c'était un milieu où l'art régnerait en maître, où, confondus dans cette amicale fraternité que produit le goût des belles choses, artistes et amateurs mettraient en commun leurs œuvres et leurs critiques pour le plus grand bien des uns et des autres ; où l'on convierait enfin le public à ces joies délicates et pures qui, jusqu'alors, lui avaient été à peu près inconnues.

La tentative était hardie, téméraire même : car faibles étaient les ressources. (Une Société d'où le jeu est banni par un article spécial, où la quotité est de 50 francs par an, afin qu'elle soit abordable à tous, a nécessairement un budget très-limité.) Mais nous avions confiance dans l'idée qui nous avait réunis, nous avions foi dans l'avenir, et nous nous mîmes à l'œuvre. — Des concerts, des expositions, des conférences scientifiques et littéraires furent préparés à la hâte; Le public accourut à notre appel; il vint avec empressement chercher tour à tour l'instruction et les distractions toujours élevées que lui procuraient gratuitement nos séances artistiques et littéraires.

Un vrai poëte provençal, Victor Geln, ignoré hors de Marseille, vint réciter quelques-unes de ses plus belles compositions et obtint un immense succès. — Il était évident que nous avions frappé juste; nos salles devenaient trop étroites; au goût de l'art qui s'était éveillé autour de nous, il fallait un théâtre plus large et plus commode.

Le hasard voulut qu'un vaste local situé dans la rue la plus centrale et la plus élégante de Marseille, la rue Saint-Ferréol, se trouvât inoccupé et qu'on pût y organiser à peu de frais ce que nous cherchions : une salle d'expositions éclairée par le haut, et une grande salle de concerts. — Le prix de la location était sans doute très-élevé; mais, sans hésiter, sans calculer les forces de notre budget, ne voyant que le but que nous voulions atteindre, ce que l'expérience d'une année déjà nous permettait d'espérer, nous transportâmes, le 8 octobre 1868, dans le vaste local de la rue Saint-Ferréol, le siége de notre Société, nos espérances et la fortune de l'idée à laquelle nous nous étions voués !

Des espérances et une grande confiance : telles étaient en effet nos seules richesses. — Quant à nos ressources, elles étaient à peu près nulles, et il n'y a peut-être pas d'exemple d'une société qui ait osé se fonder avec si peu d'éléments matériels de succès. — D'argent, nous n'en avions point..... point de livres, point de partitions, point d'instruments de musique ! Et cependant nous ne voulions pas abandonner l'œuvre commencée; nous ne voulions pas faire mentir les termes du procès-verbal de constitution qui expliquait la création et l'existence de notre Société *par la triple confraternité artistique, littéraire et scientifique, s'unissant dans un but commun de vulgarisation.*

On comprit notre ambition généreuse et désintéressée; on récompensa les efforts que nous avions déjà faits pendant un an pour la justifier; on vint à nous. — Notre foi et notre courage avaient réuni des adeptes et des croyants. Notre Société, le 8 *octobre* 1868, comptait 150 membres; elle atteignit bientôt le chiffre de 400. — C'était peu pour exécuter tout ce que nous rêvions : c'était assez pour vivre, pour commencer une organisation régulière et utile. Une Commission administrative fut chargée de la direction générale : trois sous-commissions furent formées pour la *littérature*, la *musique* et la *peinture*.

L'examen rapide des travaux de chacune de ces trois sous-commissions vous permettra d'apprécier ce que nous avons fait, la part que nous avons eue dans le mouvement intellectuel et artistique de Marseille.

La sous-commission de littérature, malgré l'activité et le zèle de ses membres, devait avoir dans le principe le rôle le plus effacé ; et cela se comprend. Marseille avait déjà sa Faculté des sciences avec des cours annexes de littérature et d'histoire ; Marseille avait son Académie, et, certes, notre prétention n'était pas de disputer à ces centres de science et d'érudition la légitime influence dont ils jouissaient. Tout au plus notre Société pouvait-elle espérer devenir pour la peinture et la musique ce qu'ils étaient pour les lettres et les sciences. — Mais, pour être moins apparents, les travaux de cette sous-commission n'étaient ni moins laborieux ni moins utiles.

Quand des artistes et des amateurs se réunissent avec la volonté et l'espérance d'éveiller et de diriger le mouvement artistique, ils ne peuvent se renfermer dans les limites nécessairement étroites de leur monde et de leur ville ; il faut qu'ils vivent au dehors, qu'ils se tiennent au courant de tout ce que l'art produit dans les grandes villes de France et de l'étranger. Pour cela, il faut des revues, des livres, des journaux. C'est à nous procurer ces éléments indispensables d'étude et d'informations que notre sous-commission consacra ses premiers efforts. Elle le fit lentement, avec économie et mesure, les yeux toujours fixés sur le léger budget qui lui était attribué ; n'oubliant pas que s'il faut de l'audace pour fonder, ce n'est que par la prudence et une sage administration que l'on conserve. Chaque année vit s'accroître le nombre de nos journaux, de nos revues artistiques et savantes ; chaque année notre modeste bibliothèque s'enrichissait des nouveautés du jour, dans le choix desquelles, tout en faisant quelques concessions obligatoires aux livres à sensation, la sous-commission s'efforçait de donner la plus large part aux ouvrages d'histoire et de critique sérieuses. — Au début, comme nous l'avons dit, nous n'avions aucun livre ; aujourd'hui, notre bibliothèque se compose de plus de *deux mille* volumes : l'*Histoire des Peintres* de Charles Blanc, la *Revue universelle des arts* de Paul Lacroix, la *Galerie des peintres*, le *Dictionnaire des Beaux-Arts* de Millin, *de l'Architecture*, *du Mobilier* de Viollet-Le-Duc, *Herculanum et Pompéi*, l'*Art*, la *Gazette des Beaux-Arts*, etc., etc... Une collection des plus complètes de catalogues des principales ventes publiques de tableaux, gravures, sculptures et objets d'art, qui ont eu lieu depuis le commencement du dernier siècle, catalogues, *avec des notes marginales donnant le nom des acquéreurs et les prix*, la plupart devenus très-rares et qui fournissent à l'artiste et à l'amateur de précieux documents, — une collection complète des classiques français ; enfin tout ce qui, depuis 1870, a paru de remarquable comme romans, livres d'histoire ou de voyage. Un catalogue détaillé, classant les volumes dans un ordre rationnel, permet à tous les membres du Cercle de se procurer sans peine ni perte de temps mille renseignements utiles. Les artistes peuvent consulter les livres à gravures et les lire à tête reposée dans un local spécialement affecté à l'étude et aux travaux sérieux ; ils ont ainsi à leur portée le moyen de connaître et d'apprécier l'histoire et la méthode des différentes écoles.

Après avoir satisfait à ses premiers besoins d'organisation intérieure, la sous-commission de littérature songea à affirmer son existence aux yeux du public et reprit l'idée, qui semblait un moment avoir été abandonnée, de donner des conférences. Elle s'adressa à tous sans parti pris, sans exclusion, mais le concours le plus efficace lui vint naturellement des professeurs de la Faculté des lettres, des professeurs du lycée de Marseille : nous étions sûrs à l'avance de trouver en eux des hommes instruits, ayant l'habitude de la parole et de l'enseignement, et, ce qu'il fallait surtout dans une société purement artistique, ennemie de la politique et de la controverse sur les questions brûlantes, des hommes habitués par leur goût et les devoirs de leur profession à une grande réserve sur tout ce qui peut passionner en dehors du bien et du beau.

Depuis 1874, dans les mois de janvier, février et mars, nous avons donné dans notre grande salle, pouvant contenir jusqu'à

800 personnes, une dizaine de conférences par an. — Les sujets
les plus variés ont été successivement abordés : questions d'art, de
science pure, d'histoire, de critique et de biographie littéraires,
traitées souvent avec érudition et talent, toujours avec un profond
respect pour les grandes vérités de la morale et de la religion. —
Notre sous-commission n'a qu'à se louer de l'initiative qu'elle a
prise. Chaque année, elle voit se grossir la foule autour de la chaire
qu'elle a ouverte au Cercle artistique, et nous constatons aujour-
d'hui avec plaisir que notre exemple a été suivi. Si à côté de nous,
dans des Cercles voisins, il s'est élevé des chaires autour desquelles,
le soir, aux heures du repos que lui laisse une vie toute brisée aux
affaires et aux occupations matérielles, le travailleur trouve une
distraction à écouter un maître lui parlant de morale, de droit,
d'histoire, notre Société, qui a donné le premier signal, ne peut-
elle pas, sans qu'on l'accuse de présomption, s'attribuer en quelque
sorte l'honneur de ce réveil du mouvement intellectuel et du désir
d'apprendre ?

Sans nous exagérer l'importance, au point de vue d'un enseignement sérieux, de ces conférences à bâtons rompus sur vingt
sujets différents et dont le ton est nécessairement un peu léger, par
une concession bien naturelle aux exigences de l'élément féminin
que nous avons habitué à y venir, nous croyons cependant qu'elles
ne sont pas sans influence sur le goût et sur l'instruction de ceux
qui les écoutent. Ce n'est pas impunément qu'on assiste pendant
une heure à une causerie faite par un homme instruit sur une
question de science, de littérature ou d'histoire : on veut contrôler
par soi-même ce que l'on a entendu affirmer ; on veut lire ou relire
l'ouvrage dont il a été question pour justifier les applaudissements
qu'on a donnés, la veille, au conférencier ou même pour le critiquer
ou le trouver en défaut. De là tout un travail, des lectures, des
discussions semi-savantes, qui élèvent le niveau ordinaire de la
conversation des salons, qui font de notre Cercle un centre d'instruction et le désignent naturellement aux sociétés savantes de la
ville ou du dehors qui veulent se produire ou se faire connaître.
— Où le *Congrès des Orientalistes* a-t-il tenu ses séances ? — Au
Cercle artistique. — Où l'*Académie de Marseille* tient-elle ses
réunions solennelles ? — Au Cercle artistique. — C'est encore le

Cercle artistique qui a offert gratuitement l'hospitalité à la *Société*
de Géographie, cette société de création récente qui, dans notre
ville commerciale, paraît appelée à un grand avenir, si les événe
ments secondent les efforts des hommes intelligents et dévoués qui
l'ont fondée, et des professeurs distingués qui la servent de leur
parole et de leur plume. Pourquoi ces différentes Sociétés viennent-
elles à nous ? Est-ce uniquement pour jouir du bénéfice matériel
de la vaste salle que nous pouvons mettre à leur disposition ?
Non..... Elles viennent à nous parce qu'elles savent que s'unir au
Cercle artistique, c'est se trouver sur un terrain déjà préparé, c'est
pouvoir compter sur un public tout prêt à comprendre leurs études,
à applaudir à leurs découvertes. — Nos conférences n'eussent-elles
eu que ce résultat, notre sous-commission de littérature aurait, en
les instituant, répondu au mandat de vulgarisation qu'elle avait
reçu de la Société. — Mais elle ne s'en est pas tenue là. Elle a fait
un essai qui a trop bien réussi pour qu'elle ne songe pas à le renou-
veler; elle a entrepris la réédition des œuvres de Gustave Bénédit,
un des esprits les plus originaux de la littérature provençale. —
Une souscription fut ouverte; le nombre fixé des souscripteurs fut
dépassé en quelques jours, et l'ouvrage, orné de vignettes et de
portraits, répondit, autant qu'on pouvait l'attendre d'une première
tentative, aux espérances de ceux qui avaient été si empressés à
nous donner leur adhésion. — Que de services la sous-commission
ne pourrait-elle pas rendre à la science et à l'art en continuant à
marcher dans cette voie et en tirant de l'oubli les œuvres les plus
remarquables des poëtes et des historiens provençaux !

La même idée de vulgarisation sérieuse et élevée a inspiré notre
sous-commission de musique. Étudier l'art classique, le faire connaître au public par une exécution consciencieuse et sobre, produire des œuvres nouvelles le plus souvent inédites, aider les compositeurs marseillais, favoriser l'éclosion de leurs œuvres en leur
garantissant un orchestre, une salle et un public : tel a été notre
programme.

La tâche était difficile au début, car depuis les concerts Thuba-
neau, où l'on avait exécuté les grandes œuvres de Beethoven au
même moment où Habeneck et Girard les révélaient au monde pari-
sien, notre public avait perdu l'habitude d'entendre la grande

musique. Sauf pour quelques amateurs qui formaient un véritable cénacle et se réunissaient à tour de rôle les uns chez les autres, sauf pour la Société dite des *Quatuors* qui donnait pendant les deux mois d'hiver au Conservatoire quelques séances suivies par un nombre limité de fidèles, la tradition s'était perdue. — Ajoutez à cette corruption du goût public, épris du vain éclat des fantaisies brillantes, l'absence d'orchestre. Notre Société s'efforça, dès le début, de ramener les esprits au goût de l'art sérieux, et la première année de son existence elle donna seize concerts qui, s'ils ne furent pas tous également importants, par suite de l'insuffisance de nos moyens, présentèrent cependant un réel intérêt et préparèrent le succès de l'idée que nous voulions faire triompher. Nous avions déjà un commencement d'orchestre, un double quatuor vocal, et, grâce à nous, quelques compositeurs marseillais avaient pu faire connaître au public plusieurs œuvres inédites.

En changeant de local, en prenant à sa charge une salle de concert contenant près de 800 places, notre Société s'était créé de plus grands devoirs. Aussi redouble-t-elle de zèle et d'ardeur : elle réunit un orchestre de 50 musiciens, elle organise un chœur, et pour affirmer ses progrès et sa force réelle, elle donne, le 8 octobre 1868, son concert d'inauguration. — Ce fut une véritable fête artistique, qui devait être souvent renouvelée. Dès ce jour, les concerts et les auditions se succèdent sans interruption ; 63 grands concerts donnés depuis témoignent de notre activité, et le succès toujours croissant qu'ils obtiennent montre que le public nous sait gré des efforts que nous faisons pour vulgariser la bonne musique, et qu'il se plaît à nous suivre dans cette voie. Nous nous sommes appliqués à bien rendre les œuvres des grands maîtres anciens et modernes qui n'avaient jamais été entendues dans notre ville. C'est ainsi que la symphonie du *Désert* de Félicien David fut exécutée, il y a sept ans, par 50 musiciens et 80 chanteurs. Le succès fut grand, et cinq auditions successives ne l'épuisèrent pas. C'est également au Cercle artistique que fut donné, la première fois à Marseille, *Gallia* de Gounod. — Citons, parmi les œuvres des compositeurs marseillais qui durent à notre Société, à son orchestre, à ses chœurs de ne pas rester inédites : *Ruth,* oratorio; *Gloria victis,* ballade, de MM. Eugène et Alexis Rostand ; l'*Ange déchu,* opéra de M. Xavier

Boisselot; diverses œuvres pour orchestre de MM. Auguste Morel, Flégier, Ginonves, Agnelli, Lavello, Raynaud, Audran, etc.

Notre Société a depuis quatre ans donné l'hospitalité à la *Société des Quatuors* qui existe depuis vingt-sept ans à Marseille, sous la direction de M. B. Millaut, professeur au Conservatoire. Cette société a vu plus que doubler le nombre de ses abonnés depuis qu'elle s'est transportée chez nous, et le chiffre de ses adhérents (400) fait ressortir l'influence que la Société des Amis des arts a eue dans notre ville et combien elle a contribué à la vulgarisation de la musique classique.

En outre, elle a toujours mis gratuitement sa salle de concert et souvent son orchestre à la disposition des artistes marseillais ou étrangers qui lui en ont fait la demande. — C'est ainsi que depuis 1868, 132 concerts particuliers ont été donnés dans notre salle.

La Société des Amis des arts paye une partie des musiciens de son orchestre : une somme de 400 francs (minimum) est allouée annuellement pour cette dépense. Bien que cette somme ne soit pas élevée, on comprend les services que nous avons pu rendre à certaines époques surtout où les théâtres de Marseille étaient fermés et où les artistes musiciens se trouvaient absolument sans places.

Ce résumé des travaux de la sous-commission de musique ne serait pas complet si nous ne signalions pas les efforts qu'elle a faits pour doter le Cercle artistique des divers instruments nécessaires à l'orchestre et d'une bibliothèque musicale : œuvre laborieuse et méritoire, étant donné les faibles ressources dont elle disposait. — Notre bibliothèque musicale comprend aujourd'hui :

250 partitions piano et chant;

120 symphonies, ouvertures, pièces d'orchestre;

500 morceaux de musique instrumentale, soli, duos, trios, quatuors.

La sous-commission de peinture marchait à l'unisson avec la sous-commission de musique. Réunir dans un amical rendez-vous les peintres marseillais, les aider, les encourager, les soutenir, leur procurer le moyen, sans se déplacer, de voir et d'étudier les œuvres des maîtres anciens et modernes, telle a été, dès le principe, la pensée de notre sous-commission.

Quelques faits, des dates et des chiffres indiqueront les résultats obtenus.

Parmi les fondateurs de notre Cercle, les peintres étaient en majorité; ils formaient avec les musiciens l'élément vital, l'élément d'espoir de notre Société. Aussi, dès 1868, inspirés et guidés par eux, avons-nous pu offrir au public une exposition très-brillante où les plus grands noms de la peinture moderne étaient représentés par Delacroix, Ingres, Meissonier, Decamps, Diaz, Gérôme, Dupré, Hébert, Isabey, Jacques, Roqueplan, Troyon, Vollon, Ziem, etc., etc. — Depuis lors, les expositions se sont succédé avec un égal succès. — Citons, avec la sécheresse d'un catalogue, les travaux de notre sous-commission pendant les dernières années.

En 1869, exposition des œuvres complètes d'un peintre provençal, Prosper Grésy, connu seulement à Paris de quelques artistes, ses contemporains, et que le public marseillais n'avait pu apprécier que par des fragments épars. — M. Grésy, attaché à l'administration financière, n'était peintre qu'à ses heures de loisir, et il était difficile de s'en douter en voyant l'importance de son œuvre. Rude d'aspect, l'attitude rigide, le regard perdu dans une vague contemplation, tel était cet homme distingué et profondément artiste dont les toiles nous révèlent l'expression la plus exacte et la plus pittoresque de notre paysage méridional. — La même année, nous possédâmes pendant plusieurs semaines le *Général Prim* du regretté Henri Regnault, et ce n'est certes pas notre faute si notre Musée n'en fit pas l'acquisition. Heureusement, il a pu se dédommager de cette occasion perdue en achetant la *Judith* du même artiste.

Au commencement de 1870, nous tentâmes d'organiser une exposition d'objets d'art et de curiosités, nous devrions dire, de bibelots, pour employer le terme à la mode, terme pittoresque sentant la rue et l'atelier, né, comme tant d'autres, du frottement social, et en train de faire son chemin en vrai soldat de fortune. Nous fûmes surpris de la quantité et de la qualité des objets rares qui se trouvaient dans notre ville et dont bien des propriétaires ignoraient la valeur. — Les vitrines que nous avions préparées furent insuffisantes pour renfermer les émaux, les ivoires, les

verres de Venise, les bijoux, les armes, les instruments de musique
datant des trois derniers siècles,, les bronzes, les tapisseries de
haute lisse, les meubles de la Renaissance, les porcelaines de Saxe
et de Sèvres qu'on voulut bien nous confier. Mais ce qui avait un
caractère essentiellement local, c'était la collection des faïences
provençales, sortant en majeure partie du cabinet de l'érudit
M. Mortreuil, un de nos vice-présidents que nous avons eu la douleur de perdre, il y a deux ans. — M. Mortreuil nous fit une conférence sur nos anciennes fabriques (les Clérissy, les Oléry, Fau-
chier, Robert, V^{re} Perrin, etc., etc.), et intéressa si vivement les
auditeurs par ses révélations sur cette industrie, qu'une véritable
passion pour la faïence s'empara de notre monde élégant, et que
bon nombre de collections très-remarquables, rassemblées à grands
frais, datent de cette époque.

En 1872, cinq expositions différentes, parmi lesquelles nous en
consacrâmes une spécialement aux dessins et aquarelles. — Il n'est
pas donné à tout le monde d'acheter de ces glorieuses toiles de
Delacroix, de Rousseau et de Decamps, mais on peut toujours, si
l'on aime les arts, illustrer son intérieur de bonnes et belles petites
pages, pétillantes d'esprit et de grâce, quelques-unes même mar-
quées de la griffe des maîtres. Nous eûmes la bonne fortune à cette
époque de pouvoir soumettre à notre public et à nos peintres toute
une série d'aquarelles venant de Rome, qui témoignaient d'un véritable progrès dans cette branche de la peinture et exercèrent une
sérieuse influence sur nos artistes et nos amateurs.

L'exposition suivante fut consacrée aux tableaux anciens; — les
dernières, aux œuvres les plus remarquables de la peinture contemporaine et à celles des artistes de notre ville.

Parmi les expositions de 1873, la plus intéressante fut celle des
œuvres du peintre marseillais Gustave Ricard, disséminées dans
le département des Bouches-du-Rhône : œuvres originales et copies
datant de sa jeunesse, de l'époque où il était en pleine possession
de son talent, œuvres de ses dernières années. — Un de nos sociétaires et de nos critiques les plus fins, M. Brés, en dressa le catalogue complet précédé d'une notice sur la vie de Ricard. Des détails
inédits sur sa vie, des extraits de sa correspondance avec ses nombreux amis de Marseille, permettent d'apprécier l'homme et le

peintre sous son véritable jour, et font ressortir le côté poétique de son caractère. Ces pages nous le montrent toujours mécontent de lui-même et cherchant sans cesse à pénétrer les secrets et la manière des maîtres anciens.

En 1874, 1875 et 1876, trois et quatre expositions d'œuvres sérieuses et choisies, tirées soit des ateliers des peintres marseillais ou du département, soit des cabinets des amateurs, soit des magasins des marchands de Paris qui nous ont toujours confié avec une obligeance extrême les toiles qu'ils avaient en dépôt.

Tels sont les travaux de la sous-commission de peinture. — Quant aux résultats obtenus, ils sont incontestables. Chaque année elle organise une tombola qui produit de quatre à cinq mille francs, destinés spécialement à acheter des tableaux aux artistes de notre ville. Cet encouragement, faible en apparence, a porté ses fruits, car depuis la fondation de notre Société le nombre des artistes s'est sensiblement accru à Marseille. Mais c'est surtout par le goût public que s'est exercée l'influence du Cercle. Grâce aux expositions presque permanentes auxquelles nous les invitions, nos compatriotes ont appris à distinguer le beau ; ils sont devenus vraiment amateurs, et les bénéfices que font nos marchands de tableaux prouvent suffisamment que ce goût n'est pas resté inactif. Il y a une quinzaine d'années, les murs des salons ou des cabinets de nos hommes d'affaires étaient rarement ornés de tableaux ; c'était un luxe presque inconnu ; on n'en éprouvait aucun besoin. On citait deux galeries à Marseille, celle de M. Bec, appartenant aujourd'hui à la veuve du poëte Autran, et celle de M. Forcade. — Émile Lorbon, le spirituel et regretté directeur de notre École, chercha à combler cette lacune, mais à peine arriva-t-il à faire acheter par quelques fervents deux ou trois Delacroix, Millet et Decamps à des prix qui doivent faire regretter à leurs heureux propriétaires de n'avoir pas suivi plus aveuglément ses conseils. — Aujourd'hui, au contraire, on trouve peu d'industriels ou de commerçants qui n'aient pas leur petite galerie. — Malgré le malaise général et la stagnation des affaires, tous les jours augmente le nombre de ceux qui trouvent plaisir à se reposer de leurs soucis et de leurs fatigues en contemplant quelque chef-d'œuvre de l'art contemporain. — Nous avons en ce moment une exposition importante, et il nous a suffi de deux semaines pour réunir plus de quinze mille francs, que nous destinons à une tombola qui sera tirée fin avril. Nous espérons ainsi atteindre le but poursuivi dans le temps par la Société artistique des Bouches-du-Rhône, qui n'existe plus que de nom et qui, depuis de longues années, faute de local et par suite du retrait de la subvention qui lui était allouée, ne s'est plus manifestée d'une façon apparente.

Ce rapport, qui a laissé bien des points dans l'ombre, ne doit pas cependant passer sous silence les efforts faits par notre Société pour venir en aide à la charité et concourir aux idées généreuses et patriotiques. Rappeler discrètement les services rendus est chose permise quand on ne le fait pas pour se soustraire à de nouvelles demandes, mais pour s'engager, au contraire, à persévérer et à faire mieux. — Notre budget ne nous permet pas de subvenir matériellement et par nous-mêmes aux misères qui demandent à être secourues, mais nous avons sous la main des moyens d'action, et nous y avons recours avec un succès qui égale le désintéressement de ceux qui nous prêtent leur concours. — Citons un fait à l'actif de chacune des sous-commissions. — En 1876, à la suite de la catastrophe du puits Jabin, la sous-commission de littérature songea à profiter de la présence à Marseille de M. L. Simonin dont les conférences faites au Cercle avaient vivement intéressé l'auditoire ; elle le pria de donner au Grand-Théâtre une conférence payante au bénéfice des parents des victimes. Malgré une préparation hâtive, nous eûmes la satisfaction de voir le public se rendre en foule à notre appel, et nous pûmes envoyer au maire de Saint-Étienne la somme de 1,500 francs.

La même année, désireux de venir en aide aux *inondés du Midi*, la sous-commission de peinture organisa une loterie dont les peintres et amateurs fournirent les lots : aux sommes considérables qui avaient déjà été souscrites à Marseille, nous ajoutâmes celle de 14,622 fr. 45 cent., qui furent versés le 18 novembre entre les mains du trésorier-payeur général. — Mais c'est surtout la sous-commission de musique qui a l'initiative de ces fêtes artistiques, où le public est appelé à faire le bien en goûtant des distractions élevées. — Sans énumérer les nombreux concerts donnés au profit des pauvres, contentons-nous de rappeler cette brillante soirée du mois de mars 1872 où, en représentant au théâtre Vallette l'oratorio de *Ruth*, nous eûmes le double plaisir de faire apprécier l'œuvre d'un compositeur marseillais, M. Alexis Rostand (que nous ne louons pas parce qu'il est un des membres les plus aimés de notre Société, et que le louer, ce serait nous louer nous-mêmes), et de recueillir, pour l'œuvre patriotique de la libération du territoire, la somme de 17,000 francs.

L'influence que notre Société a prise à Marseille semble même avoir rayonné au dehors. Nice, l'antique fille de *Massilia*, se souvenant de sa première origine, s'est adressée à nous pour connaître nos statuts et nos conditions d'existence. — Montpellier a son Cercle artistique, institué sur le modèle du nôtre, dans les mêmes idées que le nôtre, créé par un ancien membre de notre Société, M. Ménard Saint-Martin. C'est comme une colonie détachée de la mère patrie qui est allée soutenir sous un autre ciel le goût de l'art et l'amour du beau.

Pour ces diverses raisons, nous avons cru répondre aux désirs exprimés par M. le ministre des Beaux-Arts dans sa circulaire du 29 janvier 1877, en lui faisant connaître l'existence, les progrès et les travaux de notre Société, qui, pauvre et modeste au début, sans avoir jamais reçu ni subvention, ni encouragement d'aucune sorte, par les seuls efforts de la persévérance, a atteint le chiffre de 600 membres et est devenue le centre de l'élément artistique dans la seconde ville de France.

II

COMMUNICATION SUR LA SOCIÉTÉ DES AMIS DES ARTS D'ORLÉANS.

La Société des Amis des arts d'Orléans a été fondée en 1865 ; le nombre des sociétaires, qui n'est pas limité, est d'environ trois

cent cinquante. Elle a le bonheur d'avoir pour président l'honorable
M. Eudoxe Marcille, directeur du Musée d'Orléans, dont le dévouement à la cause de l'art est inépuisable.

Le but de la Société est de répandre le goût des beaux-arts et
d'encourager l'art industriel. Ses ressources sont des plus res-
treintes, puisque les cotisations ne sont que de cinq francs par an;
malgré cela, elle trouve moyen, pour atteindre le résultat proposé,
d'organiser chaque année des expositions publiques d'objets d'art
et des produits industriels qui s'y rattachent. Ces expositions sont
fort modestes, mais elles ont le mérite d'encourager et de faire
connaître les artistes locaux qui sont invités à y produire leurs
œuvres. Une partie de ces œuvres sont achetées par un jury
d'examen et sont ensuite l'objet d'un tirage au sort entre tous les
sociétaires.

La majorité des membres de la Société des Amis des arts se
compose de peintres, de sculpteurs, de musiciens, d'architectes,
d'ornemanistes, de graveurs, etc.; de sorte qu'elle forme véritablement une famille artistique. Chacun apporte sa part de connaissances et de bonne volonté. Dans ces conditions, on ne peut espérer
les brillants succès des sociétés des grandes villes, mais on arrive
peut-être à un résultat meilleur; car cet enseignement mutuel et
fraternel permet de faire pénétrer le goût de l'étude des arts chez
les artisans les plus modestes, puisque leur introduction dans la
Société n'entraîne pour eux aucune charge pécuniaire.

Chaque mois, une réunion de la Société a lieu dans une salle de
la mairie, que la municipalité met à sa disposition. Les séances se
composent de lectures sur des sujets artistiques, faites par des
membres de la Société, et de morceaux de musique exécutés également par des artistes orléanais (instruments ou chants). La partie
musicale est assurément la plus intéressante, car la Société renferme des artistes d'un mérite réel dont le talent est toujours à la
disposition de nos réunions.

Les ressources de la Société, malgré leur modicité, lui permettent cependant de distribuer quelques médailles dans les solennités
artistiques, ainsi que des prix aux élèves des écoles de dessin, de
modelage et d'architecture de la ville d'Orléans.

L'encouragement apporté aux écoles est certainement l'une des plus utiles dépenses que puisse faire la Société, puisque celles-ci sont les pépinières d'où doivent sortir la plupart des membres qui continueront, il faut l'espérer, avec des moyens plus puissants, mais non avec plus de bonne volonté, l'œuvre modeste qui fonctionne aujourd'hui.

Je disais, en terminant ce court exposé, que nos écoles produiraient de meilleurs résultats si les élèves y arrivaient avec les premières notions de géométrie (et non de dessin linéaire, comme on l'a dit par erreur), car sans elle il est difficile de comprendre les notions les plus indispensables du dessin. Nous en avons la preuve tous les jours par les élèves qui sortent de l'école professionnelle municipale, dont les progrès sont bien plus rapides que ceux des élèves qui ne sont pas dans les mêmes conditions. Si la Société des Amis des arts s'intéresse autant à ces écoles, c'est que plus d'un artiste de talent n'a pas eu d'autre commencement.

Tel est, monsieur le directeur, l'historique de notre Société, bien pauvre, bien modeste, mais qui sera d'autant plus vivace qu'elle n'a pas besoin, pour exister, d'une organisation exceptionnelle, et qu'elle s'adresse aux gens de bonne volonté, plus nombreux qu'on ne le suppose généralement, surtout dans la classe des travailleurs.

J'ai l'honneur d'être, monsieur le directeur, votre très-dévoué et très-obéissant serviteur.

A. NOEL,
Architecte.

Orléans, 18 avril 1877.

III

DE L'INSTITUTION DES MUSÉES CANTONAUX.

Lettre à MM. les Délégués des Sociétés savantes à la Sorbonne.

> Voir, c'est savoir.

MONSIEUR ET HONORÉ COLLÈGUE,

Le succès rapide des Musées cantonaux [1], la médaille d'honneur et la médaille d'or qui viennent de m'être décernées à leur occasion [2] m'encouragent à appeler votre attention sur une institution dont les similaires ont déjà produit en Suisse, en Angleterre, en Belgique, en Russie et aux États-Unis d'Amérique d'admirables résultats.

Les Musées cantonaux, comme l'indique leur nom, s'adressent principalement aux populations laborieuses et honnêtes de nos

---

[1] Le premier Musée cantonal a été inauguré à *Lisieux*, le 17 juin dernier. L'idée s'est promptement répandue dans les villes suivantes :

Honfleur, Mézidon, Bayeux, Isigny, dans le Calvados ;

Pont-Audemer, dans l'Eure ;

Flers et *Domfront,* dans l'Orne ;

La Villedieu et *Granville,* dans la Manche ;

Pornic, dans la Loire-Inférieure ;

Clermont-Ferrand, dans le Puy-de-Dôme ;

Saint-Tropez, dans le Var.

Bien qu'aucun de ces Musées n'ait encore une organisation complète, j'ai cru devoir, pour bien faire comprendre ma pensée, indiquer ici, comme réalisés, certains détails qui se laissent, dès maintenant, très-nettement deviner dans l'ensemble de l'œuvre.

[2] Par la *Société libre pour le développement de l'instruction et de l'éducation populaires* et son président d'honneur, M. le duc de Doudeauville, à la séance publique du 2 avril courant, au grand amphithéâtre du Conservatoire des arts et métiers.

campagnes, trop négligées jusqu'à ce jour. Ils ne ressemblent en rien aux Musées de peinture et de sculpture, aux Musées géologiques et d'histoire naturelle de nos grandes villes. Ils sont, pour chaque canton, le résumé plus ou moins complet des connaissances pratiques indispensables dans le siècle où nous sommes.

Ce résultat est obtenu par le choix et la disposition des objets qui y figurent et surtout par les notices très-courtes, quelquefois curieuses, mais toujours instructives, qui accompagnent chacun de ces objets. Elles en indiquent la nature, la provenance, l'emploi, le mode de fabrication s'il s'agit d'un objet manufacturé, enfin les avantages. Et l'on peut affirmer qu'une visite dans ces Musées en apprend beaucoup plus que la lecture de gros volumes, souvent mal compris de ceux, en trop petit nombre d'ailleurs, qui ont le courage et le temps de lire.

Les Musées cantonaux comprennent généralement quatre sections : une *section artistique,* une *section agricole et industrielle,* une *section scientifique* et une *section historique,* que nous allons passer successivement en revue.

La SECTION ARTISTIQUE est la moins importante : on conçoit qu'avant de songer aux nobles jouissances de l'esprit et de l'imagination, il convient de s'occuper des besoins journaliers de la vie. Cette section reçoit les tableaux et statues, les objets d'art anciens ou modernes, français ou étrangers à l'exécution desquels aucune pensée inconvenante n'a présidé.

La SECTION AGRICOLE ET INDUSTRIELLE comprend tout objet se rattachant à l'agriculture et à l'industrie de la localité. On y trouve des gravures-programmes, ou des modèles réduits de toutes les machines et de tous les instruments pouvant être utilisés dans le canton [1]. On y voit figurer des spécimens de graines, de fruits, de racines, de produits manufacturés. On y trouve les objets les plus simples, depuis les pierres servant à l'entretien de nos routes, les briques employées à la construction de nos maisons, le bois de nos forêts, jusqu'à des échantillons du pain formant notre nourriture

---

[1] Ces gravures-programmes et ces modèles réduits sont généralement envoyés par MM. les inventeurs et marchands de machines, qui y trouvent une excellente réclame.

de chaque jour. Tous les métiers et toutes les professions manuelles du canton y sont représentés.

La Section scientifique intéresse surtout les amateurs de physique, de chimie, de mécanique, de géologie, d'histoire naturelle. On y remarque quelques-uns des instruments les plus en usage dans les laboratoires de physique et de chimie; des gravures ou tableaux représentant les grands aspects de la nature (aurores boréales, volcans, etc.) avec des notices explicatives, des spécimens géologiques des principaux terrains du canton avec l'indication exacte de la localité dans laquelle ils se trouvent, de leur composition physique et chimique, du mode de culture qui leur convient selon l'altitude et l'orientation du lieu, enfin les fossiles qui les caractérisent. On y voit des cartes géographiques, géologiques, agricoles, industrielles, etc.; — des insectes utiles et nuisibles, de petits quadrupèdes empaillés, des reptiles, des poissons, des mollusques, des oiseaux propres à la localité, avec une notice indiquant leurs mœurs, les avantages ou les dangers de chacun d'eux; — enfin quelques collections botaniques où les propriétés médicales des plantes sont indiquées avec les moyens de les propager ou de les détruire.

La Section historique contient des gravures, des photographies représentant les principaux monuments du canton. Une notice sur chacun d'eux indique l'époque approximative de sa fondation, de sa destruction, le style dans lequel il a été construit, son usage et les principaux événements dont il a été le théâtre. On y trouve aussi des notices biographiques sur les hommes marquants, dont il est bon de rappeler les nobles exemples, enfin la liste des cultivateurs et négociants récompensés dans les cours. — Chaque Musée contient ainsi son livre d'or et son tableau d'honneur.

Vous comprenez, monsieur et honoré collègue, que si l'on voulait installer simultanément tous les objets appelés à figurer dans un Musée cantonal, on n'y parviendrait pas : — la place manquerait évidemment. Mais ce fait, loin de nuire à la nouvelle institution, est, au contraire, une des raisons de sa prospérité et l'un des gages les plus sérieux de son avenir.

MM. les directeurs des Musées cantonaux organisent, en effet, diverses séries d'expositions d'une durée plus ou moins longue, suivant l'importance qu'ils croient devoir accorder à tel ou tel enseignement. .

Ont-ils plus d'objets scientifiques qu'ils n'en peuvent placer dans le Musée cantonal[1]? Ils en profitent pour doter d'un petit Musée scolaire chacune des écoles rurales du canton, à condition, bien entendu, que MM. les instituteurs et mesdames les institutrices veuillent bien conduire leurs élèves au Musée et inaugurer ainsi en France les promenades scolaires si utiles au point de vue de l'enseignement par l'aspect, et si favorables à la santé des enfants dans les pays où elles sont entrées dans les mœurs.

Ont-ils trop d'objets agricoles ou industriels[2]? Ils établissent des catégories en indiquant à chacun des exposants le moment où ils devront apporter ou reprendre leurs objets, de telle sorte que le Musée, fidèle à son programme général d'enseignement, se transforme perpétuellement dans ses détails. Il y a là un puissant moyen d'attraction pour les visiteurs, qui y trouvent à la fois plaisir et profit, puisque leur curiosité, sans cesse tenue en éveil, leur présente toujours de nouveaux sujets d'étude et de nouvelles connaissances à ajouter aux anciennes.

Vous reconnaîtrez en outre, monsieur et honoré collègue, que les Musées cantonaux auront pour résultats nécessaires :

De développer l'esprit d'observation parmi les enfants de nos écoles par les habitudes d'examen appliquées à tous les objets usuels;

De favoriser leurs vocations pour telle ou telle profession, que la vue seule d'un objet suffira quelquefois à faire naître;

D'augmenter les richesses scientifiques dans notre pays par le nombre de plus en plus considérable des personnes qui s'intéressent aux choses de l'esprit et qui se feront un plaisir, — soyez-en

---

[1] Comme cela est arrivé aux organisateurs du Musée cantonal de Mézidon qui, en quatre mois, sont parvenus à construire des vitrines murales de plus de sept mètres de longueur et ont réuni des collections de spécimens géologiques et d'histoire naturelle trouvés dans la localité, trop nombreux pour pouvoir y être contenus. Qu'ils reçoivent ici nos sincères remercîments.

[2] Toutes les places disponibles dans les vitrines du Musée de Lisieux ont été retenues avant même leur construction.

persuadé, — d'être vos collaborateurs dans toutes les localités où vous avez des relations;

D'accroître enfin les richesses matérielles de chaque région par la vulgarisation des meilleures machines agricoles et industrielles, par l'indication des meilleurs procédés de culture et des meilleures races d'animaux à propager dans le canton, enfin par le développement d'une légitime émulation entre les cultivateurs et les industriels, qui seront fiers de voir leurs produits représentés au Musée cantonal et leurs noms inscrits sur le tableau d'honneur.

Les Musées cantonaux auront en outre l'avantage, par leur côté historique, de nous rappeler le souvenir de nos ancêtres; de nous rendre moins prompts à nous laisser entraîner dans les funestes erreurs où quelques-uns d'entre eux ont sombré; de nous remplir enfin les uns et les autres de ces doux sentiments de fraternelle concorde, plus indispensables que jamais au relèvement de notre chère France.

Persuadé que vous ne refuserez pas votre précieux concours à une œuvre essentiellement patriotique, quoique non politique, — je vous prie, monsieur et honoré collègue, d'agréer l'assurance de ma considération la plus distinguée.

E. GROULT,

Délégué de la Société historique de Lisieux,
Avocat, docteur en droit,
Fondateur des Musées cantonaux, à Lisieux (Calvados).

Paris, 3 avril 1877.

Nota. — Pour organiser un Musée cantonal, il suffit d'obtenir une autorisation de l'administration municipale. Deux ou trois hommes de bonne volonté, dans chaque canton, se réunissent pour constituer entre eux la « Société du Musée cantonal ». Ils choisissent, d'accord avec les autorités, pour y installer le futur Musée, tantôt la salle de la mairie, tantôt celle de la Caisse d'épargne, tantôt le foyer du théâtre, tantôt l'une des salles d'attente de la gare ou de la justice de paix. Ils peuvent en toute liberté organiser le Musée, comme ils le jugent convenable, selon les besoins de la

localité ; recueillir des cotisations pour la construction des vitrines [1],
ou pour l'achat de quelques collections [2] ; engager MM. les instituteurs et mesdames les institutrices à y conduire leurs élèves ; y
faire des conférences (en obtenant des autorisations exigées par la
loi) ; enfin décider de toutes les questions qui intéressent la prospérité matérielle et morale du Musée.

IV

NOTE SUR LA SOCIÉTÉ ARTISTIQUE DE L'HÉRAULT.

La Société artistique de l'Hérault remercie M. le ministre de
l'invitation qu'il lui a adressée de se faire représenter dans la
réunion générale des Sociétés savantes de France.

La Société artistique de l'Hérault savait quel intérêt M. le ministre attache au développement des arts dans les départements.

Elle a chargé tout spécialement son délégué d'apporter à M. le
ministre l'expression de sa reconnaissance et en même temps l'assurance qu'elle redoublera de zèle pour accomplir l'œuvre qu'elle
s'est proposée.

La ville de Montpellier, grâce à son Musée, qu'on peut considé-

---

[1] Les conseils municipaux de Flers et de Pont-Audemer ont voté des fonds
pour la construction des vitrines du Musée cantonal de leur localité. J'ai lieu
d'espérer que leur patriotique exemple trouvera de nombreux imitateurs.

[2] Bien que je préfère de beaucoup les collections en nature, d'abord parce
qu'elles ne coûtent absolument rien et aussi parce qu'elles sont plus conformes
à mon programme, je crois devoir signaler la collection en six tableaux publiée
par l'imagerie d'Epinal (Vosges), par ordre de M. le ministre de l'instruction
publique, sous ce titre : *les Ennemis et les auxiliaires naturels des culti-*
vateurs, au prix de 2 fr. 50. — Cette collection, que l'on rencontre dans un
grand nombre d'écoles, donne une idée assez exacte des notices à placer à côté
de chacun des objets exposés dans les Musées cantonaux.

rer comme une des plus belles collections artistiques de la France,
grâce à son école de peinture, d'où sont sortis les artistes les plus
distingués, constitue un centre éminemment favorable au développement d'une société artistique.

La Société artistique de l'Hérault est créée depuis 1868. Elle
paraît aujourd'hui définitivement établie, car le temps l'a consacrée.

Elle a ses ressources dans les subventions des conseils électifs de
la ville et du département, mais surtout dans les cotisations de
nombreux souscripteurs. Elle peut compter sur un public toujours
empressé, car la visite de ces expositions est devenue une habitude
locale.

La Société artistique de l'Hérault se propose de centraliser et de
diriger le mouvement artistique qui se produit dans ce département.

Elle fait appel aux artistes soit de la localité, soit du dehors; les
convie à se disputer ses médailles, et leur offre à la fois un moyen
de faire apprécier leurs œuvres et un stimulant pour les produire.

Les nombreux visiteurs de ses expositions peuvent suivre les
progrès ou plutôt les diverses tendances de l'art contemporain.

Les amateurs aiment à y chercher et y découvrent souvent
l'éclatante manifestation de talents inconnus la veille, et n'hésitent
pas à enrichir leurs collections des œuvres qui s'y signalent par
leur mérite.

Elle présente enfin au public les élèves les plus avancés des
écoles de peinture et de dessin en exposant et en signalant par des
récompenses leurs travaux.

Rien de ce qui touche à l'art ne lui est étranger; et elle considère comme son domaine propre tout ce qui concourt à l'instruction artistique, tout ce qui tend à relever le goût public, enfin tout
ce qui contribue à augmenter les richesses artistiques du département.

Je me propose d'indiquer en peu de mots comment la Société
artistique de l'Hérault s'est fondée, et quels progrès elle a su réaliser pendant les premières années de son existence. Je donnerai
ensuite quelques renseignements sur son organisation intérieure.

§ I

En 1868, quelques artistes et quelques amateurs de beaux-arts conçurent l'idée de fonder à Montpellier une Société artistique. Il s'agissait de renouer la chaine de traditions relativement récentes. Une Société artistique avait en effet fonctionné sous le nom de Société des Amis des arts pendant quelques années vers 1851. Les résultats alors obtenus, tout en faisant regretter sa dissolution, avaient laissé dans les esprits l'espoir d'une reconstitution prochaine. En 1861, et à l'occasion d'un concours régional qui avait lieu à Montpellier, une exposition de beaux-arts, à la fois très-brillante et très-sérieuse, avait montré quel succès serait réservé dans cette ville à une Société artistique.

Les fondateurs de la Société artistique de l'Hérault se mirent immédiatement à l'œuvre. Ils trouvèrent un puissant appui chez un de nos illustres compatriotes, M. Cabanel, qui voulut bien accepter la présidence d'honneur. D'une part, les listes d'adhésion se couvraient de signatures; d'autre part, l'administration accueillait favorablement une demande d'autorisation. La Société se trouva presque en même temps conçue et fondée. La Commission provisoire, qui avait constitué le premier noyau, et à laquelle revient l'honneur d'un résultat si heureux et si rapide, obtint de l'assemblée générale des adhérents la confirmation de ses pouvoirs et l'adoption d'un règlement.

Grâce aux généreuses subventions du Conseil général et du Conseil municipal, grâce à l'empressement des souscripteurs, la première exposition put s'ouvrir le 3 mai de cette même année 1868.

Près de cinq cents œuvres d'art figurèrent à cette exposition. Les acquisitions d'œuvres d'art par la Société s'élevèrent à la somme de 3,555 fr. Les amateurs achetèrent pour une somme de 5,595 fr.

Sept cent cinquante membres avaient souscrit aux statuts dans la ville.

Deux cent quatre-vingts membres avaient envoyé leurs souscriptions de divers points du département.

Dans le courant de cette même année 1868, un amateur de beaux-arts, bien connu de tout le monde artistique, et dont la perte récente a provoqué de si légitimes regrets, fit don à la ville de Montpellier de sa collection, connue sous le nom de galerie Bruyas. Ce n'est point là une simple coïncidence; et le mouvement artistique qu'avait provoqué le succès de la nouvelle Société ne fut pas étranger à l'acte de générosité de notre regretté compatriote.

La Société artistique de l'Hérault ne devait pas se contenter de faire des expositions à Montpellier; elle avait un caractère départemental, et il entrait dans son programme de transporter l'exposition dans les principales villes du département. Elle exigeait seulement des villes où elle envoyait son exposition que leurs souscriptions pussent suffire aux frais de transport et d'installation. En 1869, l'exposition fut transportée à Béziers, et, à cet effet, une sous-commission fut organisée dans cette ville.

On conçoit l'avantage que les exposants peuvent retirer de ces déplacements de leurs œuvres. On conçoit aussi combien ils correspondent au but même que poursuit la Société.

L'idée des expositions circulantes ne se présentait pas, du reste, pour la première fois aux membres de la Commission. Ils savaient quel succès avaient eu ces expositions circulantes dans les États voisins, et spécialement en Suisse; et dès la fondation de la Société, cet essai, nouveau en France, d'expositions circulantes était dans leur programme.

Après ce premier essai du transport de l'exposition de Montpellier à Béziers, on en vint à organiser plus étroitement les rapports entre les deux villes, et depuis cette époque, presque toutes les expositions ont été offertes successivement au public montpelliérain et au public bitterois.

Le succès de cette exposition de 1869 fut relativement considérable. Les achats de la Commission de Montpellier atteignirent le chiffre de 5,895 fr. La Commission de Béziers put acheter en outre pour 2,400 fr. Les acquisitions faites par les amateurs s'élevèrent à la somme de 18,000 fr.

Le nombre des sociétaires fut porté à 1,082. En présence de ces résultats, le Conseil général alloua une somme de 1,200 fr. au lieu de celle de 1,000 fr. précédemment allouée.

J'ai cru devoir donner ces renseignements afin d'indiquer par la comparaison des résultats obtenus en 1868 et en 1869 quel terrain favorable avait trouvé la nouvelle Société.

En 1870, la Société artistique eut l'occasion de transporter son exposition en dehors du département. Un concours régional avait lieu à Narbonne; la Société fut sollicitée d'envoyer son exposition dans cette ville. Cette année, l'exposition, après avoir séjourné pendant quelque temps à Montpellier, fut transportée successivement à Narbonne et à Béziers.

L'année suivante (1871) fut vouée au deuil, et la Société artistique n'eut autre chose à faire qu'à concourir dans la mesure de ses forces aux œuvres qui avaient pour but les secours aux blessés et la libération du territoire. La Société put obtenir d'abondantes ressources en organisant une loterie, pour laquelle elle fit appel à la générosité de ses exposants. Nos artistes montrèrent en cette douloureuse occasion tout leur patriotisme. De touchants témoignages de sympathie pour la France furent donnés par des artistes étrangers et notamment par des artistes suisses.

En 1872, la Société reprit ses expositions.

Ainsi que je le disais en commençant, je me suis proposé de faire connaître les débuts de la Société artistique. Depuis cette époque, elle a fonctionné régulièrement et continué ses expositions annuelles, heureuse de trouver toujours le même empressement dans le public, le même esprit d'émulation chez les artistes, le même zèle dans son président et chez les personnes chargées de l'administrer.

Je passe à la seconde partie : l'organisation intérieure de la Société. Je l'exposerai brièvement.

§ II

La Société est administrée par un président, un secrétaire et un trésorier, qui constituent le bureau avec un certain nombre de présidents honoraires, vice-présidents, un conservateur et un archiviste.

Les décisions importantes sont prises par une Commission composée de quarante membres, laquelle est convoquée d'une manière régulière, quoique non périodique.

Ces quarante membres constituent la Commission administrative. Les membres du bureau sont nommés par cette commission, et cette commission est nommée elle-même au scrutin et annuellement par les membres fondateurs. Les membres fondateurs réunis en assemblée générale approuvent les comptes annuels.

Les membres fondateurs sont au nombre de deux cents. Ils prennent un engagement de payer leur cotisation, qui est de 10 fr. par an, pendant quatre années.

On devient membre fondateur sur la présentation de deux membres fondateurs et par le vote favorable du bureau.

A côté des membres fondateurs il y a des membres libres, dont la cotisation n'est que de 5 fr. Ils ne contractent aucun engagement pour les années ultérieures.

La Commission organise tous les ans ou tous les deux ans, à son gré, une exposition. Après prélèvement des frais généraux, les sommes disponibles sont consacrées à l'acquisition d'œuvres d'art, lesquelles sont mises en loterie. Chaque membre de la Société, libre ou fondateur, a autant de billets que la somme qu'il a versée représente de fois un franc.

La Société artistique consacre une partie de ses ressources à l'encouragement d'œuvres comme la Société de gravure, par exemple.

Elle a fait don au musée de Montpellier d'une toile importante depuis 1868. La Commission tient ses séances dans la salle du Conseil municipal de la ville de Montpellier. Les expositions de la Société ont lieu à la salle des concerts, qui est prêtée par la ville.

Tels sont les traits caractéristiques de l'organisation intérieure de la Société artistique de l'Hérault.

J'ai tenu à donner une idée de cette organisation, car je crois que la Société artistique de l'Hérault lui doit d'avoir pu résister aux épreuves du temps et spécialement à toutes les causes dissolvantes qui sont particulières à des Sociétés qu'a fait naître et que soutient le désir souvent fugitif des satisfactions les plus élevées de l'esprit. La Société artistique de l'Hérault n'est inféodée ni à des personnalités ni à des coteries. Elle puise sa force et ses éléments d'existence dans le goût de la population elle-même pour les choses de l'art, en sorte que le but qu'elle poursuit n'est que le développement de ce même goût qui est son principe et sa raison d'être.

Je me borne à cet aperçu très-bref et trop insuffisant sur la fondation, les premières expositions, et enfin sur l'organisation intérieure de la Société artistique de l'Hérault.

La Société artistique de l'Hérault ne se fait point, d'ailleurs, d'illusions sur son importance, mais elle se considère comme utile au développement des arts dans le département de l'Hérault. Ces réunions, auxquelles M. le ministre nous a conviés, auront pour effet peut-être de signaler des modifications nécessaires, et d'attirer l'attention sur des points trop négligés. La Société artistique de l'Hérault tiendra à honneur de suivre le mouvement imprimé ; ce sera pour elle une nouvelle occasion de servir la cause de l'art.

H. JONQUET,

Délégué de la Société artistique de l'Hérault.

V

NOTE SUR L'UNION ARTISTIQUE DU PAS-DE-CALAIS.

Il y a vingt-cinq ans environ, j'étais au nombre des élèves de M. Dutilleux, artiste peintre à Arras, lorsque la pensée nous vint de fonder une société artistique qui prit le titre de Société artistique des Amis des arts. Nous restâmes de longues années à la direction de cette Société, puis nous pensâmes qu'il était convenable de laisser la place à d'autres et d'accepter le titre de membre honoraire du conseil. Depuis cette époque, cette Société s'est écartée de la voie dans laquelle nous l'avions lancée, et, il y a deux ans, nous prîmes la résolution de créer une seconde Société à côté de la première, non pour lui faire concurrence, mais dans l'intérêt même du goût des arts. L'accueil fait à la nouvelle Société, qui prit le titre d'Union artistique du Pas-de-Calais, fut on ne peut plus satisfaisant. Notre première pensée avait été d'ouvrir notre porte à tous ceux qui s'occupent d'art, qu'ils appartiennent à la musique, à la peinture, etc.; mais des raisons particulières et locales nous engagèrent à nous borner aux artistes peintres, dessinateurs, architectes, sculpteurs, etc.

L'Union artistique du Pas-de-Calais comprend trois classes de membres : 1° les membres d'honneur, c'est-à-dire les personnes qui ont rendu des services à la Société et qui lui ont témoigné de la bienveillance ; 2° les membres honoraires, comprenant les personnes qui aiment les arts et les protégent; 3° les membres titulaires, composés de tous ceux qui s'occupent d'art par goût ou par profession, nés ou résidant dans le Pas-de-Calais.

La cotisation est de 10 francs par an pour la seconde et la troisième catégorie. Cette dernière seulement paye un droit d'entrée de 5 francs et prend part indistinctement à tous les avantages de la Société.

La caisse se divise en plusieurs parties, savoir : 1° une part pour une caisse de retraites, qui seront dans la suite accordées à des membres vieux et malheureux ; 2° une part pour la caisse de secours, qui sont distribués à ceux de ses membres qui deviennent momentanément dans le besoin. Les membres du bureau seuls connaissent les noms de ceux qui réclament des secours et s'engagent à ne jamais les divulguer, si ce n'est dans le cas où le réclamant serait de mauvaise foi. Ces secours ne sont, autant que possible, que des prêts d'honneur. La caisse de secours vient encore en aide à ceux de ses membres qui ne pourraient faire face aux frais d'encadrement et d'expédition à l'exposition d'une œuvre d'art et de mérite.

Enfin, une troisième part comprend les ressources pour organiser les expositions, publier un bulletin, etc.

Le but de l'Union artistique est de protéger les beaux-arts, encourager le goût et l'étude. Elle protége les arts : 1° en organisant une exposition permanente des œuvres de ses membres et en se chargeant de la vente de ces œuvres, moyennant un prélèvement de 10 pour 100 sur le prix de vente au profit de la caisse ; 2° en organisant périodiquement des expositions régionales ou universelles, des loteries annuelles dont les lots sont achetés aux membres de la Société ; en organisant, en outre, des ventes publiques d'œuvres de ses membres, moyennant un prélèvement de 10 pour 100 sur le prix de vente pour les frais d'installation et de publicité que la Société se charge de faire la plus grande possible. Tous ces moyens ont donné jusqu'à présent des résultats on ne peut plus satisfaisants. Tel achète aujourd'hui un tableau, et se sent le désir d'accroître peu après sa collection ; celui-ci voit le salon de son voisin garni d'œuvres d'art : il ne veut pas paraître plus arriéré que lui ; il achète, et finit par prendre le goût de la peinture, qui se forme à la vue des belles œuvres.

Nous avons vu des œuvres vraiment méritantes, qui n'avaient pu trouver amateur à des expositions des villes voisines, être disputées à nos ventes et atteindre un prix de 160 pour 100 plus élevé que celui demandé par l'artiste.

La Société cherche à répandre le goût de l'étude des beaux-arts en distribuant chaque année, dans toutes les écoles gratuites de dessin du département, des prix d'honneur consistant en médailles d'or, de vermeil, d'argent et de bronze ; en offrant, en outre, des diplômes d'honneur aux instituteurs qui auraient établi avec succès dans les campagnes des cours de dessin. L'an dernier, nous avons été heureux de signaler à M. le Recteur l'instituteur de Blangy-sur-Ternoise, dont les élèves rivalisaient avantageusement avec les enfants des grandes villes du département.

A partir de ce mois, la Société publiera un bulletin trimestriel contenant plusieurs planches de dessins inédits, un texte donnant le compte rendu de ses travaux, une revue des beaux-arts, des expositions, etc., des notices biographiques d'artistes.

La Société se compose aujourd'hui d'une centaine de membres, dont le nombre augmente chaque jour et parmi lesquels elle est heureuse de compter les noms des artistes les plus connus du Pas-de-Calais. La Société est représentée à la réunion des délégués des Sociétés savantes de France par son président, M. Octave Petit, et par l'un de ses membres, M. Carré fils, architecte à Arras.

VI

ORIGINE DU MUSÉE ET DE LA SOCIÉTÉ DES ARTS DE DIEPPE.

Il y a une quinzaine d'années, Dieppe n'avait encore qu'une bibliothèque où se trouvaient relégués quelques objets d'art insignifiants : la ville n'avait ni musée ni société d'art, et partant aucune exposition.

Les ivoiriers dieppois, qui ont pourtant acquis une certaine renommée, produisaient, mais leurs œuvres n'avaient ni invention, ni originalité.

L'école de dessin continuait alors cet enseignement banal qui ne pouvait former aucun artisan remarquable, encore moins des artistes.

GRAILLON père, avec ses terres cuites qui avaient les mendiants pour types, commence à se faire connaître ; la ville l'encourage, le subventionne, l'envoie à Paris, d'où il revient bientôt pour continuer dans sa ville natale son genre de prédilection. Les étrangers, qui sont nombreux à Dieppe pendant la saison des bains, recherchaient ses statuettes et ses groupes.

Un autre artiste nommé NORAY se distingue, quitte Dieppe pour Paris, où de riches amateurs lui commandent des statuettes en ivoire; il obtient la direction d'une des écoles de dessin d'un des arrondissements de Paris.

GRAILLON, NORAY sont morts depuis quelques années. Je pourrais citer d'autres noms, celui des BLARD et des FLAMAND, mais je n'ai point pris pour sujet de ce rapport l'histoire de l'ivoirerie à Dieppe.

Vers 1848, un concours eut lieu pour remplacer le professeur de dessin qui venait de mourir. Je fus chargé par le maire de diriger ce concours, dont le lauréat fut GENTIER, élève de Gros et portraitiste distingué.

Je profitai du rapport que j'adressai au maire sur ce concours, pour faire valoir la nécessité de créer un musée en vue de l'enseignement, et de fonder une Société des Amis des arts, à l'exemple des autres villes voisines.

L'idée de créer un musée fut favorablement accueillie, et l'année suivante M. Leclerc Lefebvre, alors maire, s'en occupa sérieusement.

Deux salles des anciens hospices furent appropriées, l'une pour recevoir les tableaux et objets d'art, l'autre pour recueillir les antiquités provenant des fouilles faites dans le pays normand par le savant abbé COCHET, que la mort nous a enlevé l'année dernière.

Je me chargeai de cette modeste installation, et je me joignis au maire pour solliciter des dons. Nous arrivâmes à récolter une vingtaine de tableaux; on acheta quelques gravures au décès de l'ivoirier FLAMAND; on nous donna quelques objets d'art, et notre musée prit son acte de naissance en l'an de grâce 1860.

Cette même année, M. Arsène Houssaye se trouvait à Dieppe; il avait mission, en sa qualité d'inspecteur des beaux-arts, de rendre compte d'une peinture murale que je venais de terminer dans une des églises de notre ville. Nous l'intéressâmes à notre nouveau Musée; il assista même à son inauguration, et nous promit de le faire profiter des bonnes occasions qu'il rencontrerait à Paris.

Quelque temps après avoir quitté Dieppe, M. Houssaye nous fit en effet un envoi d'une dizaine de tableaux. Ces toiles, je dois le dire, n'excitèrent pas l'enthousiasme de la Commission; le maire insista cependant pour qu'elles fussent acceptées et payées... par déférence pour le nom et la personne de leur expéditeur.

Nous renonçâmes à ce mode de protection, et notre Musée ne s'en porte que mieux.

La province accepte sans doute la protection de la capitale, mais on sait qu'aujourd'hui les connaisseurs et les artistes y jouissent d'une compétence qu'il ne faut pas humilier par des dons sans valeur.

Deux ans plus tard, l'Administration des hospices mit en vente terrains et vieilles constructions, pour aider aux constructions nouvelles. Il nous fallut déguerpir. La ville en fut pour ses premiers frais d'installation, et notre bagage artistique fut transporté dans la grande salle du rez-de-chaussée de l'hôtel de ville, où il séjourna tranquille pendant quelques années.

La fondation de notre Musée fut cependant signalée au ministre des Beaux-Arts, et notre modeste Musée eut sa part dans les répartitions des tableaux provenant du Musée Campana et des greniers du Louvre. Je dois le dire encore, la part qui nous a été faite alors n'était pas des plus brillantes, mais il fallut bien s'en contenter : nous n'avions pas encore atteint l'âge des prétentions. Aujourd'hui nous sommes plus difficiles et aussi beaucoup mieux partagés. Nous avons, à la suite de certaines expositions de Paris, reçu quelques œuvres qui méritent d'être mentionnées et qui par leur présence donnent déjà une valeur à notre collection.

Ainsi nous avons inscrit au catalogue : un fort beau tableau de Ph. Rousseau, intitulé *les Confitures*, des *Poissons* de Vollon, un fort bon paysage de Lambinet, une épreuve de la belle statue de Falguière, un *Jeune Martyr mourant*, une statuette, le *Jeune Pêcheur au crabe*, de Bernaert, élève de l'Académie d'Anvers.

Je suis plus fier de vous les citer que de parler des pâles Coypel et de ces quelques faibles copies provenant des greniers du Louvre.

Mais poursuivons l'historique de notre installation, sérieuse, sinon définitive.

L'année de la guerre survint ; quelques artistes et quelques amateurs éclairés prolongèrent forcément leur séjour à Dieppe. J'eus la bonne fortune de voir mon atelier devenir le centre hospitalier de leur réunion. Ph. Rousseau y planta son chevalet, le sculpteur Mégret y modela quelques bustes, de Beaumont y apportait son esprit avec Dumas fils. Les artistes travaillaient, les amateurs achetaient. Mon atelier était devenu un centre vivifiant et consolateur à cette époque où se succédaient les sinistres épisodes. (J'oubliais de citer madame Herbelin et madame Madeleine Le Maire.)

. Ce fut à cette époque que la fondation d'une Société des Amis des arts fut résolue. Les artistes présents, parmi lesquels deux Rouennais, promirent leur concours ; les statuts furent rédigés, un bureau formé, une réunion générale convoquée, des sociétaires inscrits ; enfin, au mois d'août 1871, j'organisai une première exposition, qui fut remarquable grâce au concours d'Alexandre Dumas fils, aujourd'hui notre président d'honneur, qui nous confia les œuvres choisies de sa galerie : Meissonnier, Fromentin, Millet, Chaplin, Troyon, Lewis Brown, Louis Boulanger, J. Bertrand, Ph. Rousseau, E. Isabey, donnèrent, comme bien vous pensez, un grand intérêt à cette inauguration. Depuis cette époque, une exposition a lieu chaque année ; les artistes le savent et nous secondent par l'envoi de leurs œuvres.

Quelques chiffres vous permettront d'apprécier notre marche progressive.

. Pendant l'année 1871, la société fit ses frais et n'acheta aucune œuvre. La recette de cette première exposition n'excède pas, malgré son charme, la somme de 1,000 francs.

L'Exposition de 1872 eut 136 œuvres, exposa, commença quelques acquisitions et organisa sa loterie. Elle ne put accorder aux acquisitions qu'une somme de 1,000 francs.

En 1873, les œuvres d'art exposées atteignent le nombre de 315 ; les acquisitions deviennent plus nombreuses, la Société achète pour près de 2,000 francs, quelques achats sont faits par des particuliers. La Société accorde des récompenses, des médailles d'or et d'argent, et offre des chiffres équivalents.

L'Exposition de 1874-1875 voit inscrits au catalogue près de 500 œuvres d'art ; l'acquisition des tableaux monte à 10,000 francs : les acquisitions particulières et celles de la Société résument ce chiffre.

Enfin, l'Exposition de 1876, une des plus remarquables, édifie à ses frais une annexe, expose plus de 500 objets d'art, distribue un plus grand nombre de médailles, et arrive, à peu de chose près, à des acquisitions analogues à celles de l'année précédente.

Vous le voyez, Messieurs, nous avons grandi, ces expositions annuelles ont eu aussi pour résultat de nous faire voter un subside par la ville et par le Conseil général; le ministre des Beaux-Arts nous a également accordé un prix pour faire partie des récompenses.

Mais le résultat le plus marquant de ces expositions annuelles a été de décider l'administration municipale de notre ville à réorganiser d'une façon convenable notre Musée et d'installer nos collections dans des salles spéciales et parfaitement éclairées.

L'année dernière, une somme fut votée pour l'appropriation des salles, les refends tombèrent, la toiture reçut des châssis pour donner le jour d'en haut, et, le 5 septembre dernier, l'ouverture de ces nouvelles salles fut faite officiellement par M. Legros, maire de notre ville, assisté de ses adjoints et de plusieurs membres du Conseil municipal.

Ce Musée se compose d'une centaine de tableaux, dont je vous ai cité les noms les plus marquants.

Une salle spéciale est affectée aux sculptures et aux gravures; une autre salle est prise par une collection d'histoire naturelle; le vestibule et l'escalier sont garnis par des colonnes, des fragments de statues, de boiseries provenant des démolitions d'anciens monuments; enfin, une salle spéciale renferme une fort belle collection d'ornithologie européenne, formée par un naturaliste dieppois, M. Josse Hardy, et achetée à sa mort par la ville. La description de cette belle collection ne peut trouver place dans le programme qui m'est tracé.

ÉCOLE DE DESSIN.

Il me reste à vous parler de l'école de dessin. L'année dernière, à la mort du professeur PENTIER, un nouveau concours eut lieu; je fus chargé de l'organiser. M. JOUHAN fut choisi pour diriger les écoles de la ville, celle du collége et celle de la classe ouvrière. J'ai visité cette école : son installation est bonne, la méthode du professeur est très-satisfaisante.

Je n'ai qu'un désir à exprimer, c'est de voir l'enseignement de l'ornement prendre une importance plus spéciale et plus pratique. La classe des artisans puiserait dans cette instruction des éléments pour former, diriger et élever leur profession : l'art appliqué à l'industrie, voilà ce qui doit aujourd'hui dominer dans nos écoles de dessin.

L'Angleterre, que j'ai visitée, nous montre l'exemple, et j'ai vu chez nos voisins des dessins d'élèves qui révélaient une direction intelligente.

Une idée, un mode d'enseignement m'est venu en tête ; permettez-moi de le soumettre à votre appréciation.

Un nouvel ouvrage, la *Grammaire de l'ornement,* a été récemment publié par la maison Morel. J'en ai recommandé l'acquisition à notre bibliothèque. Mais les ouvriers, les artisans fréquentent peu nos bibliothèques ; leur tâche de chaque jour les éloigne de l'étude. Il y aurait un moyen de propager cette histoire de l'ornement par un cours spécial qui aurait lieu le soir. Chacune des planches poly-chrômes de l'ouvrage serait reproduite dans de grandes proportions, par la main preste d'un décorateur, sur calicot tendu. Ces dessins, aux proportions visibles pour toute une salle, seraient expliqués, commentés ; chaque élève en prendrait, séance tenante, un croquis qu'il teinterait rapidement, et emporterait chaque soir une feuille ; il puiserait ainsi d'utiles enseignements, qu'il réunirait en un recueil exécuté par lui-même et qu'il garderait et consulterait selon les besoins de sa profession.

Les ouvriers pour les papiers peints, pour les indiennes, pour les tapis, les décorateurs pour l'ornementation des intérieurs, les fabricants de meubles, les sculpteurs d'ornement y trouveraient leur compte et affermiraient leur goût sans tomber dans l'anachro-nisme.

Si l'ouvrage a 100 planches, en accordant 15 fr. par chaque reproduction agrandie, on aurait à dépenser une somme de 1,500 fr. environ. Chaque municipalité peut aisément faire ce sacrifice, et je suis convaincu que, si S. Exc. le ministre de l'Instruction publique et des Beaux-Arts adressait à chaque maire une recommandation en vue de ce progrès, je suis convaincu, dis-je, qu'on le verrait partout réalisé.

INVENTAIRE DES RICHESSES. D'ART.

Nous avons à Dieppe trois églises et un hospice. Leurs richesses n'ont rien qui mérite d'être cité. L'église *Saint-Jacques,* que l'on restaure en ce moment, a subi de grandes détériorations, et aucun de ses anciens vitraux n'a survécu aux désastres du bombardement des Anglais et de la Révolution. Je laisse aux archéologues la mission de faire connaître à un autre auditoire la description de cette architecture du dix-septième siècle, et de l'escalier en bois sculpté Renaissance qui se voit dans la salle du Trésor.

Un tableau moderne, signé Lazerge, se trouve placé au-dessus de l'entrée de la sacristie ; il représente un *Christ au Calice.* D'autres toiles n'ont que leurs cadres sculptés pour tout mérite.

L'église Saint-Remy, dont le style est un mélange de gothique et de style Louis XIII, n'offre aucune vérrière remarquable ; elle a dans son enceinte un grand tableau de Jouvenet provenant, dit-on, de Rouen : c'est une *Sainte Cène.* Est-ce le Musée, est-ce une église qui s'en est débarrassé pour cause de grande dimension ? J'éclaircirai le fait dans un inventaire plus étendu que j'aurai l'honneur de vous adresser, Monsieur le directeur, avec le catalogue de notre Musée. Il existe aussi, dans la même église, six tableaux d'un peintre dieppois du siècle dernier, nommé Le Marchand. Le style de ces œuvres se ressent de l'école du Poussin. Quatre de ces tableaux ont été livrés à un peintre-vitrier qui les a maculés de ses retouches. J'ai aussi remarqué dans la sacristie un beau *Christ* en ivoire dans un cadre style Louis XIV.

Je résume mon rapport, Messieurs, et il ressort de ce que je vous ai exposé que nous avons pris place parmi les musées existants et pouvons aujourd'hui faire assez bonne contenance vis-à-vis de l'État, du ministre des Beaux-Arts. Aussi espérons-nous participer aux faveurs des répartitions annuelles, qui, par parenthèse, nous ont fait défaut lors de notre inauguration. Une demande faite pour cette cérémonie n'a pas été couronnée de succès.

Quant à notre Société des Amis des arts, elle dépense ses recettes en acquisitions et en récompenses ; elle n'a donc pas un fond de caisse bien solide ; mais nous avons foi dans l'avenir, et, comme délégué de cette Société, comme directeur du Musée de Dieppe, je fais appel à la bienveillance et à la sollicitude du ministre éminent qui dirige et protége les arts en France.

VII

LES. BEAUX-ARTS DANS LE DÉPARTEMENT DU TARN.

Albi.

MESSIEURS,

Je regrette de vous faire descendre des hauteurs où vous ont placés les remarquables rapports faits dans la séance d'hier, car je n'ai à vous entretenir que d'une œuvre naissante ; mais l'intérêt que vous attachez à tout ce qui peut contribuer au développement des goûts artistiques m'est un sûr garant que vous voudrez bien m'accorder quelques instants d'attention.

Le département du Tarn ne renferme aucune société artistique, littéraire ou scientifique ; non pas qu'il soit indifférent aux travaux de l'esprit : il a toujours eu et il a encore ses artistes, ses littérateurs, ses hommes de science, et si aucun lien ne les unit pour une œuvre commune, cela tient au voisinage de Toulouse. Cette ville les a tous appelés au sein de ses nombreuses Sociétés.

Le Tarn a deux Musées, l'un à Albi, l'autre à Castres. Deux expositions artistiques, faites au chef-lieu en 1863 et 1867, et dont les livrets sont imprimés, ont témoigné des goûts artistiques de sa population, et comment ces goûts lui feraient-ils défaut en présence de notre admirable cathédrale, vrai musée de peinture et de sculpture !

C'est donc uniquement un centre départemental d'émulation qui nous manque ; mais cette situation va changer, et cette heureuse innovation sera le résultat de l'appel adressé aux départements par la Direction des beaux-arts. En effet, aucune association d'hommes spéciaux n'existant dans le Tarn pour la rédaction de l'Inventaire des richesses d'art, M. le préfet, pour répondre à cet appel vraiment patriotique, a institué la Commission dont je suis le délégué, et qui est disposée à se constituer définitivement en Société départementale des beaux-arts, des lettres et des sciences.

La commission de l'Inventaire, dans le département du Tarn, est divisée en sections d'arrondissements pour pouvoir opérer, sans grands déplacements, dans tous les cantons. Les travaux de ces sections seront centralisés au chef-lieu pour être transmis à la Direction des beaux-arts. Les études sont en ce moment peu avancées, car les instructions nécessaires ne nous ont été adressées que fort tard ; mais l'opération préliminaire est terminée ; la liste des monuments à visiter est dressée ; on s'est partagé le travail, et chaque commissaire est à l'œuvre.

J'ai dit qu'il existait à Albi un Musée. L'origine de cet établissement est toute récente. La ville possédait quelques tableaux ; elle avait un assez grand nombre d'objets d'histoire naturelle, et la restauration de la cathédrale avait laissé sur les chantiers beaucoup de pierres sculptées ; mais tous ces objets, précieux à divers titres, étaient épars ; personne n'était chargé d'en prendre soin, et leur destruction, dans un temps plus ou moins éloigné, était certaine. Ce n'est pas qu'on n'eût l'intention de les réunir ; mais on attendait, pour opérer cette réunion, que l'administration locale pût prendre possession d'un vaste hôtel qu'un généreux citoyen, le savant contre-amiral de Rochegude, a légué à la ville et qui est destiné à un grand établissement d'instruction publique. Cette attente durait depuis plus de quarante ans lorsque, l'année dernière, quelques amis des arts conçurent le projet d'établir un Musée provisoire. La municipalité mit à leur disposition plusieurs salles de l'hôtel de ville ; le Conseil municipal vota quelques fonds, et aujourd'hui notre Musée provisoire comprend une galerie de tableaux et deux salles où sont exposés les objets d'histoire naturelle, d'antiquité et de curiosité. Les pierres sculptées sont placées dans le jardin où se trouve une galerie couverte, que l'on dirait faite exprès pour cette destination. Grâce au zèle de la Commission d'organisation, plusieurs tableaux, dont quelques-uns sont remarquables, nous ont déjà été donnés, ainsi que beaucoup d'autres objets précieux. Nos salles sont ouvertes au public le dimanche depuis deux mois, et les visiteurs y sont toujours nombreux et très-sympathiques à l'œuvre.

Cet établissement ne peut manquer de prospérer, surtout s'il est placé sous la surveillance de la Société départementale qui, je l'espère, prendra naissance de l'institution de la Commission créée pour la rédaction de l'Inventaire des richesses d'art; mais il faut encore que l'administration départementale et le gouvernement viennent en aide à la ville, dont les bonnes dispositions sont souvent paralysées par les nécessités budgétaires : c'est là un écueil auquel les grandes cités peuvent seules échapper.

VIII

COURS ÉLÉMENTAIRE DES BEAUX-ARTS APPPLIQUÉS A L'INDUSTRIE,

PROFESSÉ A L'ÉCOLE PHILOMATHIQUE DE BORDEAUX
PAR M. BRAQUEHAYE.

Les travaux écrits et les dessins que j'ai l'honneur de soumettre à votre bienveillante attention n'ont pas été produits par des savants, ni par des artistes.

6

Je ne vous présente pas des œuvres d'érudits, destinées à éclairer les points obscurs de la science archéologique. Non, Messieurs, ces modestes travaux ont été faits par des ouvriers menuisiers, tapissiers, ébénistes, sculpteurs, commis d'entrepreneurs, commis d'architectes, etc., qui, après leur laborieuse journée, viennent assister à un cours très-élémentaire, dans lequel on leur parle de l'histoire de l'art chez tous les peuples ; un cours dans lequel on leur enseigne surtout qu'en France on a toujours vu des ouvriers qui travaillaient comme des artistes, de simples artisans qui se sont élevés par l'étude et le travail, mais qui ne sont arrivés à être des maîtres dans leurs métiers, dont ils faisaient des arts, qu'à force de persévérance et de volonté.

Dans ce cours, on leur répète les conseils de Jean Goujon, le sculpteur d'ornements, devenu le grand statuaire. — « Tous les « hommes, disait-il, tous les hommes qui n'ont pas étudié les « sciences ne peuvent faire œuvres dont ils puissent acquérir grande « louange, si ce n'est de quelque ignorant. »

Aussi, Messieurs, on a cru qu'il était bon d'enseigner aux ouvriers des rudiments d'archéologie artistique, d'histoire du mobilier depuis l'antiquité jusqu'à nos jours ; on y a joint l'étude des premiers éléments du blason et des causeries sur l'art. Les résultats qu'on a obtenus dépassent les espérances, et je suis heureux de vous faire constater aujourd'hui que, si l'on pervertit quelquefois les instincts essentiellement honnêtes des classes laborieuses par des phrases vides et pompeuses, si l'on réussit à exciter leurs passions et leur intolérance, on peut aussi et toujours, en France, obtenir de l'ouvrier intelligent une somme de travail, d'étude et de bonne volonté, qu'on le supposait incapable de produire.

J'ai l'honneur de vous présenter une faible partie des comptes rendus et des dessins composés par les élèves ou relevés dans les Musées.

C'est le résultat de quinze leçons.

Je ne crois guère pouvoir mieux définir le but du cours que ne l'ont fait la plupart des élèves ; voici le texte même de l'Introduction de ces résumés.

CH. BRAQUEHAYE.

RÉSUMÉ DU COURS ORAL,

PAR L'ÉLÈVE F. MOULINIÉ, DESSINATEUR.

INTRODUCTION. ..... Nous oublions trop souvent que les études d'art sont nécessaires à tous, artistes et ouvriers.

On a le tort de diviser trop les études d'art, et nous, qui sommes destinés à vivre du travail de nos mains, nous croyons trop souvent qu'il nous suffit de savoir bien copier du dessin linéaire, si nous sommes élèves architectes, menuisiers, ébénistes, etc., etc.; dessiner la figure ou l'ornement, si nous sommes peintres décorateurs ou sculpteurs ornemanistes; tracer du dessin de machines, si nous sommes mécaniciens ou serruriers. — Nous ne remarquons pas assez que tous les métiers se touchent par plus d'un point de contact, et que l'art et le métier se confondent aussitôt que les avoir, le bon goût, mais surtout une étude sérieuse et raisonnée, ont permis à l'ouvrier de produire une œuvre bien comprise et bien exécutée.

Nos *tailleurs d'images,* comme on appelait nos sculpteurs du moyen âge ; nos *maîtres maçons* qui bâtissaient des cathédrales; Bernard Palissy le potier, nos *orfévres* de la Renaissance, Boule l'ébéniste, Gouthière le ciseleur, furent-ils des artistes ou des ouvriers ?

Il est incontestable qu'ils forment une des gloires de la France, et que nous les considérons comme des *grands hommes* dont nous sommes justement fiers; et pourtant ils travaillaient de leurs mains à des travaux industriels, dont ils ont fait des chefs-d'œuvre de l'art.

Qu'appelle-t-on *Beaux-Arts?* — Qu'est-ce que l'*Industrie?* — Que nomme-t-on *Beaux-Arts appliqués à l'Industrie?*

On nomme Beaux-Arts : l'Architecture, la Sculpture, la Peinture.

L'*Architecture* est l'art d'élever les constructions nécessaires aux besoins physiques, politiques et religieux de la vie.

6.

La *Sculpture* est l'art de reproduire et d'interpréter la nature à l'aide de la forme, des saillies et des dépressions.

La *Peinture* est l'art de la représenter à l'aide du dessin et des couleurs.

L'*Industrie* est non-seulement le produit du simple travail des mains, mais représente encore les inventions de l'esprit utiles aux arts et aux métiers.

Appliquer l'*art à l'industrie*, c'est donc rendre agréables aux yeux toutes les productions des métiers par l'application des règles scientifiques et artistiques; c'est, en un mot, chercher *le beau dans l'utile*.

Chercher le beau dans l'utile! mais ce fut le plus souvent vers ce but que furent dirigés les efforts des maîtres. Une grande partie de nos modèles grecs et romains, comme toute la sculpture égyptienne, ne sont que des œuvres destinées à la décoration des monuments. — Les travaux des Étrusques furent de la bijouterie, des armes, des armures et du travail de fonderie; le moyen âge tout entier est vivant sur nos portails d'église; les palais resplendissent des travaux de tous les artistes de la Renaissance jusqu'à Louis XVI; et ces œuvres ne sont, le plus souvent, que de splendides décorations d'appartements. Les ciselures de Benvenuto Cellini et de Briot sont des œuvres industrielles, comme les poupes de navire sculptées par Puget et les corniches de plafond qu'exécuta Girardon. — Tous ces tableaux d'autel, signés de si grands noms des seizième et dix-septième siècles, sont des peintures décoratives comme ces coffres de mariage italiens que les grands peintres et Raphaël lui-même ne dédaignaient pas d'exécuter.

Voilà pour les hautes sphères de l'application industrielle de l'art. Mais si nous trouvons des preuves pour les chefs-d'œuvre, combien n'est-il pas plus facile de faire comprendre que les travaux que nous ont laissés nos devanciers ne doivent leur supériorité incontestée sur les nôtres qu'aux études sérieuses que faisaient les maîtres et les apprentis? — Aujourd'hui, nous avons peur des noms scientifiques; le mot *art* se trouve banni du *métier*, et pourtant il est évident que, dans ses travaux de chaque jour, l'ouvrier doit se servir de connaissances d'art et de science.

Qu'un menuisier, par exemple, soit obligé de reproduire une

simple chaise, il lui faudra faire du dessin linéaire pour son plan, *architecture;* — du dessin d'ornement et de figure, si un mascaron décore le fronton, *peinture;* — pour conserver les saillies nécessaires au sculpteur et les préparer avec goût et justesse, il lui faut comprendre la *sculpture;* — s'il doit faire un croquis devant son client, il fait de la *composition d'ornements,* et souvent son dessin est en *perspective.* Si cette chaise affecte la forme et les détails d'un style donné, il fait, sans s'en douter, de l'*archéologie;* s'il dessine le mascaron, il faut qu'il sache au moins quelles sont les divisions de la tête, si des os empêchent les rides de se creuser sur certaines parties de la face, c'est presque de l'*anatomie;* s'il a un blason à reproduire, il faut quelques notions d'*art héraldique,* etc., etc., et ces grands noms trop sonores effrayent trop souvent l'ouvrier. Voici comment il se fait qu'il ne possède presque jamais même les éléments premiers de ces connaissances.

Ces connaissances sont indispensables, et c'est dans ce but que le cours élémentaire des beaux-arts appliqués à l'industrie a été créé à l'école philomathique.

Ferdinand MOULINIÉ,

dessinateur,

Pour copie conforme :

BRAQUEHAYE.

Paris, 5 avril 1877.

IX

LE MUSÉE DE MONTPELLIER.

LA GALERIE BRUYAS.

> Les œuvres de génie appartiennent à la postérité
> et doivent sortir du domaine privé pour être livrées
> à l'admiration publique.
>
> A. BRUYAS.

§ I

Montpellier, la ville à la fois scientifique et littéraire, s'enorgueillit de posséder le plus intéressant des Musées de province. Ce Musée, auquel sont annexées une école de peinture, une école de sculpture et une école de coupe de pierres, est dû à l'initiative, à la persévérance, à l'intelligente générosité de quatre de ses enfants : MM. Fabre, Valedeau, Collot et Bruyas.

La donation Fabre a été faite en 1825 ; la donation Valedeau, en 1837 ; les deux donations Bruyas, en 1868 et 1876.

En 1829, M. Collot, directeur de la Monnaie de Paris, a doté sa ville natale d'une somme annuelle de 1,000 francs, destinée à l'achat de tableaux pour le Musée.

La plupart des toiles du Musée Fabre sont de l'École italienne. Celles de la galerie Valedeau sont, presque toutes, de l'École flamande ou hollandaise. — Nous n'essayerons pas de nous arrêter devant chacune de ces œuvres, qui provoquent l'admiration de tous les connaisseurs ; nous nous contenterons de citer rapidement les principales perles de ce brillant écrin : — Deux portraits de Raphaël, dont l'un, *Tête de jeune patricien,* est de sa deuxième manière ; c'est un véritable chef-d'œuvre ; le *Mariage de sainte Catherine* par Véronèse, et deux autres toiles du même peintre ;

la *Sainte Marie Égyptienne* de Ribeira; treize tableaux des trois Carrache, ces peintres que Cochin préfère à Raphaël lui-même, « parce qu'ils ont fait des tableaux dont le tout ensemble fait autant « de plaisir que chacune des parties prise à part ». André del Sarte, Michel-Ange, Caravage, Canaletti, le Corrége, Carlo Dolci (cinq tableaux), le Dominiquin (quatre tableaux), Giordano, Giotto, le Guerchin, le Guide, Jules Romain, Salvator Rosa, Sasso-Ferrato, Titien, Albert Cuyp, Van Dyck (trois tableaux), sont brillamment représentés. Plus loin, on trouve la *Cuisinière hollandaise* de Gérard Dow, une œuvre introuvable; trois Paul Potter, un Vander-Meulen, un très-beau *Christ* et la *Madeleine* de Rubens. David Téniers est représenté par douze tableaux, dont une *Kermesse* et une *Tabagie* admirables; puis encore des toiles de Ruysdaël, Philippe de Champagne, Chardin, Coypel, Sébastien Bourdon, onze Greuze, dont le fameux *Gâteau des rois* (dix personnages). Les Poussin (Gaspard et Nicolas) sont au nombre de dix-sept; deux de ces tableaux, le *Baptême du Christ* et la *Mort de sainte Cécile,* sont très-remarquables.

L'École anglaise est représentée par un magnifique Reynolds, *le Petit Samuel.* Citons enfin, sans nous arrêter, parmi les peintres anciens et modernes: Fragonard, Flandrin, Paul Huet, Jouvenet, Largilière, Latour, Lawrence, Lebrun, Lesueur, Michel, Mignard, Prud'hon, Ary Scheffer, Vanloo, Joseph Vernet (six toiles fort belles), Philippe et Pierre Vouvermans, Brascassat, Zurbaran.

§ II

La galerie Bruyas se compose, en grande partie, de tableaux de l'École moderne. C'est la manifestation artistique de toute une époque. Avant de parler de la galerie, disons quelques mots de son fondateur.

Alfred Bruyas est né le 15 août 1821, à Montpellier, où sa famille était alors, comme aujourd'hui, entourée de la sympathie et de la considération générales. Possesseur d'une fortune relati-

vement considérable, et maître de sa personne, comme le Rolla
d'Alfred de Musset, à l'âge des folies et des passions, il entra dans
la vie avec toutes ses illusions. Il les perdit bientôt; mais, doué
d'une organisation fine, nerveuse, un peu maladive, il se dégoûta
bien vite de l'existence à laquelle semblent condamnés, au dix-
neuvième siècle, la plupart des fils de famille. — De bonne heure,
il eut le goût des beaux-arts, et particulièrement de la peinture.
Ce goût devint une passion véritable, une idée fixe. Ce qu'on a
appelé sa monomanie a rempli toute son existence, et l'a préservé
de l'oisiveté. Comme l'a dit avec tant de vérité Montaigne : « Si l'on
« n'occupe pas les esprits à certains sujets qui les brident et les
« contraignent, ils se jettent déréglés par-ci, par-là, dans le vague
« champ des imaginations. Il n'est ni folies, ni rêveries qu'ils ne
« produisent. L'âme qui n'a pas de but dans la vie s'égare et
« se perd. *Variam semper dant otia mentem.* »

En 1840, Bruyas commença sa collection par l'acquisition d'un
certain nombre de tableaux anciens. Déjà connaisseur, doué d'un
véritable instinct, il acheta ses toiles avec circonspection; et chacune d'elles devint ensuite l'objet d'une étude patiente et attentive.
Sans idée préconçue, sans attache d'école, il voulut suivre les
transformations de l'art, saisir les symptômes de progrès ou trouver
les causes de décadence. C'est après avoir étudié toutes les écoles
qu'il acquit la certitude de la supériorité de l'École française moderne sur toutes les écoles anciennes.

§ III

De 1843 à 1845, il entra en rapport avec Eugène Devéria,
Paul Huet, Roqueplan, Delacroix, Decamps; de 1846 à 1848,
avec MM. Benouville, Guillaume, Cabanel. C'est avec ce dernier,
son compatriote et son ami d'enfance, qu'il fit le voyage de Rome.
On comprend facilement les jouissances que dut trouver Bruyas
au milieu des trésors de la ville éternelle, dans la société de l'artiste, éminent déjà, dont la conversation était tout un enseigne-

ment, et dont les conseils devaient lui être si précieux. Revenu à Montpellier, il y donna une généreuse hospitalité à des artistes encore inconnus, pour ainsi dire, dont il avait pressenti, deviné le talent; et il se mit en rapport avec un grand nombre de peintres dont la réputation naissait à peine : Corot, Courbet, Barye, Glaize, Tassaërt, Millet, Isabey, Fromentin, Français, Couture, Troyon, Théodore Rousseau, Robert-Fleury, Ricard, Verdier, etc. Les œuvres de ces artistes, choisies avec soin, vinrent tour à tour augmenter sa collection. « Sa vie devint calme, retirée, celle d'un « homme qui tient peu d'espace et change peu de place. Par tem- « pérament, il avait la politique en horreur. Il jugeait les hommes « avec autant d'impartialité que d'indulgence, cherchant surtout « à fuir les sensations extrêmes qui mènent les hommes aux idées « fausses et aux agitations vaines. Ce n'était pas chez lui la quiétude « de l'égoïste, c'était la prudence du sage : rien, à ses yeux, ne « valait l'indépendance. Il n'aimait pas le monde, parce qu'il avait « appris à connaître de bonne heure la fragilité des affections « humaines, les tristes malentendus dont la vie est remplie [1]. » Mais cet esprit droit, loyal, que l'on croyait débonnaire, était bon, tout simplement, et possédait un grand cœur.

Il a secouru bien des infortunes, et jamais un artiste malheureux n'est venu en vain frapper à sa porte. Pour quelques-uns d'entre eux, l'ingratitude a été l'indépendance du cœur. Quelquefois même, au lieu de reconnaissance, il a trouvé la médisance, la satire ou l'ironie; et, cependant, jamais un mot d'amertume n'est sorti de sa bouche.

[1] Th. SILVESTRE, *Notes intimes sur le portrait de Bruyas par Delacroix.* Ces notes devaient servir au catalogue de la galerie Bruyas que M. Silvestre avait commencé, sur la demande de M. Bruyas, et qui a été interrompu par la mort de l'écrivain, en 1876.

§ IV

Nous avons dit plus haut que Bruyas avait commencé sa galerie sans idée d'exclusion. On trouve, en effet, dans ses deux donations, un certain nombre de tableaux des maîtres anciens.

Voici les principales toiles n'appartenant pas à l'école moderne :

Une *Querelle de jeu,* par Breughel le Vieux, charmant tableau acheté à Théodore Rousseau.

Une *Tête de jeune fille,* par Greuze.

Un *Portrait de femme,* par Sébastien Bourdon.

Un *Portrait,* de Largilière.

Une *Mère de douleur,* par Lucas de Leyde.

Des *Fleurs,* de Picard.

Deux *Portraits,* de Mirevelt (de Delft).

Un *Intérieur,* de Tiepolo.

Le *Portrait de Van Dyck,* par Rubens.

Un *Portrait d'alguazil,* par Velasquez.

Le *Portrait d'une princesse russe,* par madame Lebrun, etc., etc.

Quand il eut acquis la conviction que jamais l'École française n'avait brillé d'un plus vif éclat et dépassait toutes les autres, il n'acheta plus que des œuvres des peintres modernes, ne leur demandant pas s'ils étaient classiques, romantiques ou réalistes, mais exigeant qu'ils eussent du talent; et quand il eut comparé la manière, la couleur, le dessin des maîtres dont il avait rassemblé les œuvres, il voulut les étudier sur lui-même : à chacun d'eux, il demanda son portrait. On a beaucoup critiqué l'idée sans la comprendre. La maxime de la Bruyère : « L'amour-propre aime les « portraits », n'est certainement pas applicable à cet homme simple et modeste, auquel il importait bien peu d'avoir son effigie. Il n'a pas été guidé par un sentiment de vanité puérile et ridicule. Il a voulu ouvrir un véritable concours entre des peintres de genres complétement opposés, afin de les comparer et de faire comprendre par ce rapprochement même leurs défauts et leurs qualités [1]. Ce concours n'a pas produit peut-être tous les résultats qu'il aurait pu espérer; mais il n'en est pas moins très-intéressant. D'ailleurs, en posant ainsi, non sans fatigue, il apprenait à connaître le tempérament des artistes, leurs impressions; leurs procédés et jusqu'aux moindres particularités de leur existence. La plupart d'entre eux n'ont pas eu à regretter cette collaboration

§ V

Le premier prix du concours, c'est, sans contredit, l'œuvre de Delacroix. « On ne saura jamais, disait Bruyas, tout ce que Delacroix a dépensé de talent pour faire mon portrait [2]. » C'est que, en effet, le grand maître de la couleur et de l'expression a dit souvent : « *Faire une tête expressive exige mille fois plus de réflexion que la solution d'un problème.* » Pour comprendre les anxiétés et les appréhensions de Delacroix, il faudrait lire toute sa correspondance avec Bruyas, correspondance aussi instructive qu'intéressante.

Delacroix n'était pas seulement un peintre de génie, c'était un profond penseur et un écrivain de grand talent. Il avait reconnu dans Bruyas un « homme de bonne foi, qui s'était fait, par la méditation plutôt que par les livres, des opinions à lui ».

Ce portrait est bien celui de l'homme que nous avons connu : bon, naturel et simple.

« *Il faut,* — disait Delacroix, — *faire abnégation de toute vanité pour être simple, si, toutefois, on est de forcé à l'être; et l'homme d'esprit est toujours vrai, parce qu'il voit la sottise de ne pas l'être.* »

[1] « Il voulait inviter tous ces artistes de talent, avec Fontenelle, à approfondir le mieux possible le secret de la nature qui a pu varier de tant de façons une chose aussi simple qu'un visage. » (Th. SILVESTRE, *Notes inédites sur le portrait de Bruyas par Delacroix*).

[2] Th. SILVESTRE, *Notes inédites sur le portrait de Bruyas.*

« Aussi, le modèle ne semble pas poser, mais se reposer. Ce
« solitaire frileux, bien enveloppé, se sent aussi seul que la so-
« litude. »

« C'est dans cet instinctif abandon que l'illustre maître a peint
« ce portrait si difficile, idéalisé corps et âme [1]. » Tassaert, qui
devait, lui aussi, essayer de peindre Bruyas, avec tout son talent et
toute son âme, disait à propos de ce portrait de Delacroix : « *Il est*
« *délicieusement rêveur.* »

On ne pourrait pas croire que Delacroix fût effrayé de faire un
portrait. C'est cependant la vérité. Ce grand peintre était modeste
comme tous les hommes réellement forts ; il doutait de lui-même :
écoutons, d'ailleurs, la lecture d'une lettre qu'il adressa à Bruyas
en réponse à ses demandes réitérées.

« Si vous saviez quels sont mes scrupules et mes agitations ! Je
« souffre pour le modèle. Trop pressé de produire, je manque de
« sang-froid, je n'observe pas assez avant d'exprimer, et je n'ai pas
« assez de tenue dans mon travail. Je cède trop à mes habitudes de
« style. Mes incorrections me crèvent les yeux ; mais à l'œuvre, je
« perds tantôt ceci, tantôt cela. Dans un tableau, rien ne m'oblige
« à suivre telle donnée scrupuleusement jusqu'au bout ; au besoin,
« je puis changer de direction ; mais, pour un portrait, c'est bien
« différent. Je voudrais identifier mon âme avec celle de mon mo-
« dèle, et je trouve toujours un masque impénétrable.....

« Ajoutez que j'ai toujours devant les yeux le souvenir de mes
« maîtres favoris : Velasquez et André del Sarte, tout en voulant
« être vrai et original [2]. »

Cette lettre est, à elle seule, tout un cours d'esthétique. Quelle
leçon pour ces artistes qui se croient arrivés à l'apogée du talent,
parce qu'ils ont acquis une certaine habileté de main, parce qu'ils
ont la pratique de certains procédés !

[1] Th. SILVESTRE, *Notes inédites sur le portrait de Bruyas.*
[2] *Lettres intimes de Delacroix à Bruyas.*

§ VI

Baudelaire disait : « Un portrait par Eugène Delacroix est une « rareté. » Celui d'Alfred Bruyas n'est pas seulement une rareté, c'est un chef-d'œuvre. Le modèle est vivant. L'homme extérieur est moulé sur l'homme intérieur, selon les expressions de Swedenborg.

Les yeux ont l'expression douce, sentimentale, maladive. Il semble qu'en contemplant ce penseur doux et mélancolique, on partage sa mélancolie, comme le Philoctète de Protagoras qui laissait deviner une telle souffrance, que le spectateur croyait l'éprouver lui-même. « Delacroix semble y rappeler la musique si pénétrante, « si délicate de son ami Chopin. Tout est fondu et lié à ravir. Pour « que rien ne manque à la beauté de l'œuvre, à la magie de son « exécution, Delacroix a su donner aux ombres la légèreté parti- « culière aux visages jeunes. La lumière éclaire jusqu'aux moin- « dres accessoires, donnant à chacun le charme particulier de son « caractère [1]. »

La barbe, la chevelure, le teint, sont d'une couleur admirable : tout est expression et harmonie.

On demandait un jour à Boucher où il prenait sa couleur, à propos d'un *Sommeil d'un Enfant Jésus.*

Il répondit : « *Dans ma tête. La lumière du Thabor et celle du* « *Paradis sont peut-être comme cela.* »

Courbet, le maître réaliste, prenait sa couleur « *sur la tête du* « *modèle* ».

Delacroix disait à Bruyas, en commençant son portrait : « *Je* « *chercherai ma couleur dans l'expression de votre physionomie :* « *je veux faire juste et vrai* [2]. »

---

[1] Th. Silvéstre, *Notes inédites sur le portrait de Bruyas.*

[2] *Idem.*

§ VII

Cabanel a fait le portrait de Bruyas, dix ans avant Delacroix. Il avait vingt-cinq ans, à peu près l'âge de son modèle. On trouve, dans cette œuvre de jeunesse, la plupart des qualités qui, plus tard, devaient donner à M. Cabanel une gloire incontestée : la finesse et la rectitude de dessin, le sentiment et la distinction. Le portrait a été peint à Rome. Comme fond, on aperçoit les jardins de la villa Borghèse. La tête est calme, avec un peu de morbidesse.

Il semble qu'il y a dans cette toile comme un reflet des beautés que le peintre contemplait chaque jour. En effet, avant de faire Bruyas, Cabanel avait dévoré des yeux, pour employer ses propres expressions, les portraits de Raphaël, de Titien, d'André del Sarte.

Cabanel est dignement représenté à la galerie Bruyas par des œuvres magistrales dont nous parlerons plus loin. Mais ce portrait, une de ses premières œuvres, n'est pas la moins remarquable. On a dit, avec raison, que le style, c'est l'homme ; à plus forte raison dirons-nous : le style, c'est le peintre.

§ VIII

Couture et Courbet n'ont pas compris le modèle comme Delacroix et Cabanel. A la place de notes tendres et blondes, Couture, dans deux portraits (le premier, de profil ; le second, de trois quarts), a mis des notes dures, des contours remplis de brutalité.

« L'artiste a peint pour lui-même, pas le moins du monde pour « la vérité. Le tableau, fort remarquable d'ailleurs, est l'applica-« tion outrée d'un parti-pris esthétique de M. Couture, parti pris « très-faux consistant à chercher contre nature, pour un portrait

« intime comme pour un tableau d'histoire, ce qu'il appelle le
« caractère et le style. Peints sans observation, sans impression,
« sans fidélité, ces portraits ne peuvent pas être ressemblants [1]. »

Pour ce peintre, le portrait n'est qu'un genre inférieur. Il l'a
dit et il l'a prouvé. Un écrivain d'un talent très-original, qui s'est
montré en même temps critique consciencieux, Charles Baudelaire,
n'était pas de cet avis.

« Le portrait, dit-il, ce genre en apparence si modeste, *nécessite*
« *une immense intelligence.* Il faut, sans doute, que l'obéissance
« de l'artiste y soit grande, mais sa divination doit être égale, quel
« que soit le moyen employé par lui, qu'il s'appelle Holbein,
« David, Velasquez, Reynolds, Lawrence. — Un bon portrait m'ap-
« parait toujours comme une biographie dramatisée [2]. »

§ IX

Courbet a fait quatre fois le portrait de M. Bruyas. Le 5 mai 1854,
il écrivait à son protecteur : « *Oui, je vous ai compris. Vous en*
« *aurez bientôt une preuve vivante : votre portrait.* » C'est celui
de trois quarts, celui que le peintre réaliste a appelé « *son tableau*
« *solution* ». Il nous a fait connaître un Franc-Comtois rusé ; mais,
à coup sûr, il n'a pas cherché à faire un portrait ressemblant ; il
n'a pas copié la pâleur maladive des chairs. La barbe et les cheveux, dont Delacroix a si bien rendu la nuance vénitienne, sont
devenus d'une nuance de bitume. Il est vrai que les mains, celle
de droite surtout, sont réellement admirables, et que le tableau,
dans son ensemble, est supérieurement brossé ; mais la facilité de
l'exécution ne rachète pas l'absence de sentiment. = Si Courbet a
voulu prouver que *le réalisme n'est pas toujours la vérité,* il a
parfaitement réussi.

[1] Th. SILVESTRE, *Notice sur Couture.*
[2] BAUDELAIRE, *Curiosités esthétiques*

Les trois autres portraits sont loin de valoir le premier. La tête de profil aux cheveux noirs ressemble peut-être à un héros de Henry Mürger, mais pas le moins du monde au Mécène délicat que nous avons connu.

§ X

Le peintre qui, après Delacroix, a le mieux compris et rendu son modèle, c'est assurément Tassaert. Artiste consciencieux, génie incompris de ses contemporains, Tassaert avait trouvé un accueil sympathique auprès de Bruyas, qui, avec son instinct habituel, avait pressenti son talent et acheté treize de ses œuvres, après lui avoir demandé quatre fois son portrait. Celui de face est réellement fort beau ; mais le modèle a trop été idéalisé. Il est devenu une sorte de Hamlet pensif et souffrant.

Les portraits de Glaize, de Ricard et de Verdier se font remarquer par des qualités très-sérieuses de sentiment et d'exécution. Chacun d'eux a interprété le modèle presque toujours d'après son propre tempérament.

Celui de Verdier est très-intéressant. On retrouve dans la barbe et dans les cheveux cette nuance blond ardent que se sont transmise les fils d'Israël. Inspiré par le regard mélancolique de son modèle, alors convalescent, il s'est transporté sur le Golgotha, et nous a laissé une tête de Christ remplie de souffrance, de charme et de poésie.

Nous nous sommes arrêté peut-être un peu trop longtemps devant cette collection de portraits de Bruyas. Nous avons fait tous nos efforts pour faire comprendre la pensée qui l'a guidé. Peut-être en a-t-il exagéré l'importance, mais, à coup sûr, l'intention était bonne, et les résultats n'en seront pas sans utilité.

§ XI

En 1868, la collection de Bruyas se composait déjà de deux cents toiles. A différentes reprises, il avait déclaré à ses amis qu'à une époque où la philosophie de l'art était loin d'être uniforme, où le réalisme et le romantisme étaient aux prises, il serait utile de fournir aux jeunes artistes des éléments d'instruction et d'appréciation, et de leur permettre d'étudier les différentes manières de nos grands peintres modernes.

Le 14 octobre 1868, il adressait à M. le maire de Montpellier la lettre suivante :

« J'ai toujours pensé que les œuvres de génie appartiennent à la « postérité, et doivent sortir du domaine privé pour être livrées à « l'admiration publique. Je viens aujourd'hui offrir ma galerie à la « ville de Montpellier, voulant ainsi concourir, dans la mesure de « mes forces, au développement des progrès artistiques. »

M. le maire répondit :

« Votre galerie est, depuis longtemps, hautement appréciée « dans le monde artistique. Elle est l'œuvre d'une intelligence « élevée, d'une persévérance qui ne s'est jamais démentie, et de « sacrifices pécuniaires considérables répondant à toutes les exi- « gences. Elle présente un ensemble de chefs-d'œuvre dont notre « Musée aura le droit d'être fier, au milieu des richesses dont il « est déjà en possession. »

Cette donation se composait de quatre-vingt-onze tableaux, d'un grand nombre de dessins ou d'aquarelles, et de la collection presque complète des bronzes de Barye.

Le 20 novembre 1875, par une seconde donation, Bruyas enrichissait de plus de cent œuvres nouvelles cette galerie unique au monde, et qu'on ne connaît pas assez.

§ XII

Nous n'essayerons pas d'entreprendre l'examen ou la critique de chacune des œuvres saillantes de cette magnifique collection ; ce serait une tâche au-dessus de nos forces; mais qu'il nous soit permis d'émettre un vœu : c'est que l'idée féconde de Colbert, au sujet des conférences artistiques dans les Musées et devant les tableaux, soit reprise de nos jours. — C'était en 1667, Colbert présidait, en qualité de vice-protecteur, l'Académie de peinture fondée en 1648, dirigée alors par Sébastien Bourdon, que Montpellier est fière de compter au nombre de ses enfants, et par l'illustre Lebrun. Colbert proposa l'institution de conférences publiques, et en indiqua l'objet. Les académiciens examineraient les ouvrages des grands maîtres, exprimeraient leurs sentiments, provoqueraient les observations des auditeurs. En habile administrateur, Colbert rassurait ceux qui auraient pu douter de leur talent d'orateur.

S'ils rencontraient d'abord quelques difficultés, faute d'habitude, ils ne seraient pas longtemps à les surmonter, et ne prendraient pas moins de plaisir à parler des beautés d'un tableau qu'à les faire voir par leurs pinceaux et leurs couleurs.

Lebrun et Bourdon se sentirent capables de passer de leur atelier à la chaire du professeur. C'était pour eux, artistes, une occasion de recueillir quelques parcelles de cette gloire littéraire si recherchée au dix-septième siècle.

La proposition de Colbert fut accueillie avec empressement par toute la compagnie. Il fut convenu que, tous les premiers samedis du mois, il y aurait une réunion à la grande salle de l'Académie ou dans le cabinet des tableaux du Roi, et que le chancelier ou les recteurs feraient l'ouverture des conférences, chacun à leur tour, par l'examen d'un tableau qu'ils auraient eux-mêmes choisi [1].

On nous répondra qu'une conférence de cette nature est une chose fort difficile, que la langue française est encore pauvre et insuffisante pour décrire et juger les œuvres d'art.

« Quand on a employé trois ou quatre mots, on est au bout du

---

[1] Bougot, *Essai sur la critique d'art*, Hachette, 1877. — Les principales conférences qui nous sont restées sont celles de Lebrun sur le *Saint Michel* de Raphaël, de Philippe de Champaigne sur la *Mise au tombeau* de Titien, de Van Ostade sur le *Laocoon* de Mignard, sur la *Sainte Famille* de Raphaël, et quatre conférences remarquables de Sébastien Bourdon : la première sur les *Aveugles de Jéricho* de Poussin, la deuxième sur le *Saint Étienne* de Carrache, la troisième sur les six parties du jour et la distribution de la lumière dans un tableau, la quatrième sur l'étude de l'antique.

« dictionnaire, et encore ces expressions sont vagues et incertaines;
« nous ne les traduisons qu'avec effort, et souvent la pensée
« qu'ils veulent exprimer nous échappe; enfin, la langue d'un
« artiste, c'est, dit-on, *le pinceau,* et non *la parole* [1]. »
Mais nous savons aussi que

Ce que l'on conçoit bien s'énonce clairement.

Un grand artiste jugeant l'œuvre d'un maître ancien pourra
créer des expressions nouvelles; il sera peut-être quelquefois
incorrect, mais, à coup sûr, toujours intéressant ; enfin, le Montpellier de 1867 n'a rien à envier à celui de 1677 : à Bourdon a
succédé Cabanel.

Nous serions bien heureux d'entendre l'auteur de la *Mort de
Moïse* et de la *Glorification de saint Louis* nous expliquer, devant le *Mariage de sainte Catherine* de Véronèse, ou devant les
Femmes d'Alger de Delacroix, ou le *Petit Samuel* de Reynolds, les
beautés de ces chefs-d'œuvre.

§ XIII

L'auteur de cette étude ne s'est pas dissimulé les difficultés de
la tâche qu'il entreprenait et devant lesquelles il eût reculé s'il
n'eût été soutenu par les bienveillants conseils de l'excellent conservateur du Musée de Montpellier [2], par les encouragements des
parents et des amis d'Alfred Bruyas. — Nous serions trop heureux
si nous avions contribué à faire connaître les trésors d'un des plus
beaux Musées de France, ou plutôt à donner le désir de les connaître.
Entrons un instant dans la galerie Bruyas ; il semble que nous
la parcourons encore en compagnie de notre excellent ami, et que
nous écrivons sous sa dictée.

[1] Ch. Bigot, *Officiel* du 15 février 1877.
[2] M. Michel, grand prix de Rome, élève de MM. Picot et Cabanel.

§ XIV.

Le grand coloriste, assure Diderot, est celui qui sait prendre le
ton de la nature et des objets bien éclairés. Les *Femmes d'Alger*, un
des neuf tableaux de Delacroix que renferme la galerie Bruyas, sont
bien l'œuvre d'un grand coloriste. On y trouve distribuées à ravir
les *deux harmoniques* universelles qui lient et fondent les teintes.
Tout le monde connaît le tableau du Luxembourg. — Celui de la
galerie Bruyas en est la répétition, mais il lui est peut-être supérieur. La disposition, d'ailleurs, n'est pas la même. Par un prodige
d'habileté, les contours des personnages n'ont pas été indiqués
par le peintre, et, cependant, ils sortent de la toile. L'ensemble
est blond, chaud, harmonieux. Les détails sont charmants. L'oda-
lisque de gauche, vue de face, n'est certainement pas une Afri-
caine. Elle n'est pas Grecque, car elle n'a pas la beauté sévère des
femmes de cette race ; mais elle a la mollesse, la gracieuse lan-
gueur des femmes de l'Asie.

L'artiste, celui surtout qui a visité l'Orient, ne se lasse jamais
d'admirer cette toile aux tons lumineux, aux clairs-obscurs four-
millant de détails pris sur nature, aux chairs d'un blond mordoré,
qui semblent un reflet du soleil d'Orient.

Le *Daniel dans la fosse aux lions* est encore une œuvre ma-
gistrale. Delacroix a voulu étudier les rois du désert au fond des
solitudes de l'Afrique, et ses lions dépassent en beauté ceux de
Barye lui-même. Admirons encore le *Michel-Ange dans son atelier*. — Le grand artiste est assis sur un escabeau ; son attitude est
celle de la méditation. De cette rêverie sortira peut-être un chef-
d'œuvre. La tête est forte, énergique et intelligente. Delacroix
était digne de peindre Michel-Ange.

§ XV

Un tableau de Delacroix qui ne le cède en rien aux précédents,
c'est la fantásia de *Marocains*.

Pour Bruyas, Delacroix était le premier des peintres modernes.

Le culte allait chez lui jusqu'à l'adoration ; s'il l'a tant admiré, c'est qu'il trouvait qu'au prestige de la composition et de la couleur le grand artiste joignait, au plus haut degré, le sentiment et l'idée que ne peuvent jamais remplacer l'étrangeté des sujets, l'originalité ou le talent de l'exécution.

§ XVI

A côté de Delacroix, et presque sur la même ligne, Bruyas plaçait Barye, ce grand sculpteur qui « a eu le courage d'en appeler « de la routine à l'imitation de la nature [1] ». — Barye n'était pas seulement un grand sculpteur, c'était un aquarelliste remarquable. La plus belle aquarelle qu'il ait jamais faite se trouve à la galerie Bruyas. C'est le *Lion du Sénégal* en arrêt devant un serpent python.

Cette aquarelle, belle entre les belles et d'une dimension tout exceptionnelle, est une des plus terribles scènes zoologiques de Barye.

Bruyas avait voulu que toutes les épreuves de choix des principaux bronzes de Barye fussent placées dans sa galerie.

« Bien que de nombreuses épreuves de ces divers ouvrages si « justement fameux soient répandues dans le monde, disait-il, « j'ai dû en placer un certain nombre dans ma galerie, sous peine « de tronquer mon plan. Barye est l'un des plus illustres maîtres « de l'École française, il est unique dans son genre. » — Et comme ce conservateur intelligent était doublé d'un poëte, en présence du *Tigre vainqueur d'un crocodile,* il aimait à lire l'admirable description que Théophile Gautier en a faite dans son histoire du romantisme.

§ XVII

A côté de l'improvisation moderne, fougueuse ; amie de la couleur et de l'imprévu, Bruyas a voulu placer l'étude froide et sévère de l'art antique. Tout se tient ; tout se lie. L'École française

---

[1] Decamps, *Salon de 1834.*

moderne forme une chaîne dont l'auteur de l'*Enlèvement des Sabines* et celui du *Massacre de Scio* sont deux anneaux. L'un complète l'autre. David est représenté par une belle étude pour le *tableau du Sacre* et l'esquisse d'un sujet historique. Delacroix reproche à David « d'avoir formé des élèves qui passent leur vie à « répéter les mêmes formes, non pas imitées, mais calquées sur « l'antique. L'*Antinoüs*, la *Vénus*, le *Gladiateur* sont des types « qu'ils reproduisent, pour ainsi dire, les yeux fermés. Le moyen « d'atteindre le beau ne consiste pour eux que dans l'application « d'une recette. » Il est vrai que Ingres, représenté à la galerie par les études qui lui ont servi pour son fameux tableau *de Jésus devant les docteurs*, répond à Delacroix : « David a établi son « école sur les études les plus sévères, les plus pures de la nature « et de l'art antique. »

L'observateur impartial ne donne absolument raison ni à Delacroix ni à Ingres. Après avoir étudié, avec tout le soin et le respect qu'ils méritent, les chefs-d'œuvre de ces maîtres si différents, on arrive à prendre, dans chaque école, ce qu'elle offre de bon : on devient éclectique, et c'est peut-être la sagesse en peinture, aussi bien qu'en politique, en littérature et en philosophie.

§ XVIII

L'école réaliste pure est représentée à la galerie par dix des meilleurs tableaux du maître peintre d'Ornans.

Bruyas, qui avait été séduit par l'originalité, la hardiesse du talent encore très-peu apprécié du jeune peintre, l'encouragea beaucoup et l'appela à Montpellier, où il lui commanda douze tableaux. Devant ces toiles, on est bien forcé d'admirer l'ampleur du modelé, la solidité des plans, la vigueur et l'exactitude des tons, la consistance de la pâte exagérée et très-regrettable pour l'avenir de certains portraits [1].

---

[1] Courbet avait l'habitude d'écraser ses couleurs sur la toile même avec son couteau ; de là les gerçures, les écaillements qui se produisent dans la plupart de ses portraits. Dans cinquante ans, beaucoup de ces toiles seront perdues, si l'on ne parvient pas à les réparer.

Ne reculant devant aucune vulgarité dans le choix de ses sujets, M. Courbet a voulu, avant tout, faire original, et souvent il a fait trivial.

« Que dire, par exemple, de ce morceau de matière puissamment « rendue qui provoqua tant d'exclamations au Salon de 1853 ? « Tout le monde connaît ces fameuses baigneuses, dont l'une « tourne, avec cynisme, le dos au spectateur. La vulgarité des « formes ne ferait rien, sans la vulgarité, l'inutilité de la pensée[1]. »

L'*Homme à la pipe* est superbe. Ses ennemis les plus acharnés le reconnaissent eux-mêmes. Rembrandt et Murillo n'ont peut-être jamais mieux fait. Cette figure langoureuse, béate et finassière de Franc-Comtois rêve et semble s'endormir dans les nuages de sa pipe.

La *Fileuse endormie* est également un de ses meilleurs tableaux et prouve, encore une fois, que Bruyas était réellement connaisseur.

Un peintre n'est jamais jugé impartialement de son temps.

Que n'a-t-on pas dit de Delacroix !... Que de reproches ne lui a-t-on pas adressés injustement ! L'avenir nous dira si le maître peintre d'Ornans n'a pas été jugé trop sévèrement ; mais ce qu'on reprochera toujours à la plupart de ses tableaux, c'est l'*inutilité de la pensée* et souvent la *trivialité des sujets*.

Nous ne demandons pas à voir partout des leçons de morale, mais nous désirons qu'une pensée se dégage de l'œuvre. Ainsi, après avoir contemplé le *Gâteau des Rois* de Greuze, cette perle de notre Musée, on est tenté de s'écrier comme Diderot, en 1775, devant la *Mère bien-aimée* du même peintre : « Comme ce tableau « peint pathétiquement le bonheur, le prix inestimable de la vie « de famille ! »

§ XIX

A côté des grandes toiles de Courbet, trois petits paysages de Corot attendent modestement que le connaisseur vienne les admirer. Écoutons Bruyas lui-même nous décrire un de ces petits chefs-

---

[1] A. BRUYAS, *Documents intimes*.

d'œuvre : *Un effet de brouillard aux environs de Paris.* « Je
« trouve dans cette toile le naturel voilé, l'impression favorite,
« l'expression admirable du génie particulier à Corot. »

Corot disait un jour à Delacroix : « *Il faut aller un peu devant*
« *soi et se livrer à ce qui viendra ;* c'est ainsi que je fais la plupart
« du temps. Je n'admets pas qu'on puisse faire bien en se donnant
« des peines infinies. — Titien, Raphaël et Rubens ont fait facile-
« ment. »

Il peignait, en effet, facilement, le grand artiste ; trop facilement peut-être, car il faut le deviner, *sans trop regarder.* Il ne
dessine pas toujours... il se contente souvent d'esquisser. Or, un
croquis, quelque spirituel qu'il soit, n'est pas un tableau.

Corot charme toujours, mais il finit par être monotone.

Quoi qu'il en soit, on se souvient, on rêve de ces charmantes
petites toiles, si peu prétentieuses.

§ XX

Les huit tableaux de Cabanel qui se trouvent à la galerie Bruyas
ont été peints à Rome. Ils datent, par conséquent, de la jeunesse
du grand artiste. Les œuvres de sa maturité sont certainement
supérieures, mais déjà l'on pouvait prévoir un des maîtres de l'École
française.

Delacroix disait en 1853 : « *M. Cabanel a beaucoup de senti-*
« *ment.* » Cet éloge dispense des autres.

Le *Penseur* est un excellent morceau d'étude.

L'*Ange du soir* est rempli de charme et de poésie.

En admirant la *Velléda,* il semble qu'on retrouve la *Velléda* des
Martyrs.....

« Elle était assise sur la bruyère. Sa parure annonçait le désordre
« de son esprit. Un voile blanc jeté sur sa tête descendait jusqu'à
« ses pieds. Dans ce singulier appareil, pâle, et les yeux fatigués
« de pleurs, elle était encore d'une beauté frappante. »

Nous nous sentons mal à l'aise pour dire des tableaux de
M. Cabanel tout le bien que nous en pensons : c'est le président
honoraire de notre Société, arrivé au faîte de la célébrité et des
honneurs.

§ XXI

Diaz est représenté par cinq tableaux.

Ce charmant artiste peint les femmes comme il peint les fleurs ; il a inventé des forêts remplies d'Amours, agrémentées de clairs-obscurs dont le secret se perdra peut-être avec lui.....

On contemple ces petites toiles avec le même charme que l'on écoute les mélodies de Hérold, d'Auber, de Schubert.

Le *Rendez-vous d'amour* est un Diaz de la première manière, composé avec soin, alors que les marchands de tableaux ne lui demandaient pas des Diaz par douzaines.

Ce petit tableau ne peut se décrire : c'est un rêve et un chant d'amour, un rayon de soleil et un éclat de rire.

Decamps est toujours sérieusement comique dans son observation.

Il n'est pas seulement observateur, il est finement moraliste ; il y a du Gavarni dans son talent. Quel drame spirituel que ce *Chemin de Toulon,* de la galerie Bruyas ! Le coupable marche en avant, les mains attachées derrière le dos. Il n'est pas triste ; il est plutôt sombre et pensif. Il s'est échappé et s'est fait reprendre ; mais il se demande s'il ne pourra pas s'échapper au détour du prochain bois.

Le brigadier et son fidèle Pandore ont bien l'air convaincu qui convient à leurs fonctions..... L'une des montures tourne la tête et regarde son maître avec mélancolie.....

§ XXII

La galerie possède seize tableaux de Tassaert.

Bruyas mettait cet artiste au premier rang de nos peintres modernes ; il avait pressenti son talent, l'avait encouragé et aidé de ses conseils.

Il disait de lui : « C'est le *Gilbert de la peinture* », et c'était vrai, car ce grand artiste a terminé sa carrière bien tristement.

C'était un talent maladif, aigri par le chagrin, mais un peintre de beaucoup de sentiment. Il avait peut-être l'exagération de l'expression.

Le *Retour de l'enfant prodigue* est une des bonnes toiles de la galerie Bruyas. La pauvre mère, amaigrie par la souffrance, remercie Dieu de lui avoir rendu son enfant. La jeune fille, encore vêtue de soie et de dentelles, se précipite aux genoux de celle qui ne peut pas lui refuser le pardon.....

Un autre tableau du même peintre, l'*Ariane,* est un petit Corrége ; mais cette Ariane est née sur les bords de la Seine.

Troyon est représenté par des *Vaches normandes* et par un *Abreuvoir* frais et calme... C'est tout simplement admirable.....

A côté de Troyon, Théodore Rousseau avec un de ses plus beaux paysages : *la Mare,* forêt de Fontainebleau.

Fromentin est représenté par une toile tout ensoleillée : *les Tentes de la Smala ;*

Isabey, par une de ses plus belles marines : *Une mer déchaînée sur les côtes de Bretagne ;*

Coignet, par un tableau rempli de charme et de vérité : *le Jeu.*

Peint avec esprit et vigueur, ce tableau est une des meilleures toiles de Coignet.

Jules Laurens, dont la réputation grandit chaque jour, est représenté par cinq tableaux [1].

Enfin citons rapidement, car le temps nous presse, Jollivet, Gleyre, Henner, Matet, Millet, dont l'*Offrande au dieu Pan* et la *Cuillerée de soupe* sont superbes ; Marilhat, Palizzi, Papety, dont le *Troupeau de l'Amour* est fort beau, mais rappelle trop une superbe composition de Guerchin [2] ; Bonnington, G. Doré, Paul Huet, Didier, Flandrin, Court, Benouville, Horace Vernet, Robert-Fleury, Raffet, Ricard, Devéria, Boulanger, Ary Scheffer, Jacques, Verdier, et n'oublions pas une étude superbe d'après nature de Géricault. Cette étude, *Bras et jambes,* lui a servi pour les cadavres du *Naufrage de la Méduse.*

Enfin, les études d'Ingres et celles de Gérard.

[1] M. Jules Laurens, que Bruyas aimait beaucoup, a lithographié presque tous les tableaux de sa galerie, et ces lithographies sont dignes des tableaux : c'est tout dire.

[2] *Diane surprise par Actéon* (Musée de Vienne).

§ XXIII

Cet aperçu rapide a permis, nous l'espérons, de comprendre l'importance de l'œuvre à laquelle, pendant vingt-cinq ans, Bruyas a consacré son intelligence et sa fortune, sans se laisser arrêter par aucun obstacle. Les tableaux qu'il a groupés avec tant d'art, tant d'intelligence, sont bien la manifestation artistique d'une époque. C'est un livre vivant où les artistes et les amateurs peuvent puiser des trésors de science.

Bruyas et ses intelligents prédécesseurs ont prouvé qu'il est possible de sortir de l'ornière, de ne pas tout attendre de l'État, auquel les villes demandent des musées comme elles réclament des chemins de fer.

L'industrie progresse chaque jour ; chaque jour la science fait des découvertes ; car tout se lie dans la vie des nations. Les beaux-arts suivent ce mouvement qui pousse le dix-neuvième siècle dans la voie du progrès et de la décentralisation.

Cette réunion des Sociétés savantes de la province, sous les voûtes de la vieille Sorbonne, en est une preuve éloquente.

Il faut que, dans quelques années, il n'y ait pas une ville de province privée de Musée ; quand bien même ce seraient *des Musées de copies,* si ces copies sont bien exécutées, si elles sont choisies avec intelligence, elles rendront des services, et elles feront connaître les chefs-d'œuvre.

D'ailleurs, ces Musées, à peine formés, s'enrichiront de donations spontanées !.....

L'exemple de la ville de Montpellier et de ses quatre bienfaiteurs sera certainement suivi, car les possesseurs de belles collections se rappelleront ces belles paroles de Bruyas que nous voudrions voir gravées en lettres d'or sur le socle de la statue qui lui sera élevée certainement par ses concitoyens reconnaissants :

« Les œuvres de génie appartiennent à la postérité et doivent « sortir du domaine privé pour être livrées à l'admiration publique. »

USQUIN,

Membre de la Société artistique de l'Hérault,
Chevalier de la Légion d'honneur.

X

DOMINIQUE FLORENTIN

SCULPTEUR DU SEIZIÈME SIÈCLE

L'un des chefs-d'œuvre de la Renaissance française est sans contredit le groupe des *Trois Grâces*, de Germain Pilon, conservé au Musée du Louvre. Ces trois statues, d'une attitude si noble et si aisée, sont placées sur un piédestal de forme triangulaire, qui contient sur chacune de ses faces des cartouches accompagnés d'Amours, de masques et de guirlandes [1]. Ce piédestal, qui s'adapte d'une manière heureuse au groupe qu'il supporte, a été sculpté en 1560 par un artiste que les comptes des bâtiments royaux, publiés par M. de Laborde, désignent sous le nom de Dominique Florentin. Les mêmes comptes nous apprennent que cet artiste avait fait le modèle du vase de cuivre porté par les Grâces, et destiné à renfermer le cœur de Henri II, et qu'il fut également chargé du modèle de la statue de ce prince, qui figure sur son tombeau à Saint-Denis [2]. Lorsque ces travaux lui furent confiés, Dominique Florentin était depuis longtemps fixé en France, où sa résidence habituelle avait été la ville de Troyes. Dans cette ville, la tradition associe son nom à celui de François Gentil, et attribue à l'un et à l'autre la plupart des statues qui en décorent les nombreuses et remarquables églises. Nous avons cru qu'il n'était pas sans intérêt d'étudier la personnalité d'un artiste qui fut, à la fin de sa carrière, le collaborateur de Germain Pilon, de rechercher la nature de son œuvre et de montrer son talent sous son aspect multiple.

---

[1] H. BARBET DE JOUY, *Musée national du Louvre, description des sculptures du moyen âge, de la Renaissance...*, 1875, in-12, p. 75.

[2] Comte DE LABORDE, *la Renaissance des arts à la cour de France*, 1850, in-8°, t. Ier, p. 495, 500, 513 et 533.

§ I

Il était d'origine italienne. Basan le fait naître à Florence en 1501;
un autre biographe en 1506[1]. Au siècle dernier, Grosley avait voulu
se procurer en Italie des renseignements sur sa personne. Son correspondant, l'abbé Niccolini, s'était adressé au savant Bottari, le
commentateur de Vasari, qui n'avait pu lui donner aucune indication. « Je n'ai jamais entendu nommer, lui écrivait-il, Dominico
Riconucci, ou Rinuccini, ou quelque autre du même nom qui ait
été peintre ou sculpteur. Peut-être, ajoutait-il, quelque autre personne en aurait-elle connaissance; mais il serait difficile de trouver
un homme qui en pareille matière fût plus compétent que moi[2]. »
Bottari avait peut-être été égaré dans ses recherches par le nom de
Riconucci ou Rinuccini, qui ne paraît pas avoir été la forme exacte
du nom de famille de ce sculpteur, qui figure dans différents actes
publics avec les variantes de Riconuri, Ricouvri, Recourre ou
Ricombre[3]. D'ailleurs, comme un grand nombre d'artistes italiens,
Dominique, qui signait d'ordinaire *Domenico Fiorentino,* ne fut
pas connu sous le nom de sa famille, mais par son prénom et sous
le surnom qu'il prit ou qui lui fut donné.

Si Grosley eût demandé à Bottari des renseignements sur Dominique Florentin ou sur Dominique del Barbiere, il les eût peut-être
obtenus d'une manière complète, et de telle sorte qu'il ne resterait
aucun doute sur le personnage qui paraît avoir été désigné sous
ces deux noms. Vasari parle de Domenico del Barbiere comme du
plus habile des stucateurs que le Rosso ait employés au château de
Fontainebleau. Il existe au Cabinet des estampes de la Bibliothèque
nationale un certain nombre de gravures, d'après le Rosso, signées
soit *Domenico del Barbier,* soit *Domenico del Barbier Fiorentino,* soit *Domenico Fiorentino.* Toutes ces gravures paraissant
être de la même main, il est permis d'affirmer, comme Bartsch[4],

[1] *Biographie générale,* éd. Didot, 1855, in-8°, t. III, col. 450.

[2] Copie d'une lettre du 19 janvier 1763. Manuscrits de la Bibliothèque de
Troyes, n° 2506, pièce 32.

[3] *Vie des peintres,* Tr. Leclanché, Tessier, 1839, in-8°, t. V, p. 83.

[4] Adam Bartsch, *le Peintre graveur,* Vienne, 1816, in-8°, t. XVI, p. 395.

comme Brulliot [1], comme Le Blanc [2], que nous sommes en présence d'un même graveur.

Ce graveur est-il le même personnage que le sculpteur? Il est permis de le croire avec Mariette [3], Siret [4] et M. Barbet de Jouy [5]. La plupart des estampes dont nous venons de parler reproduisent des tableaux ou des dessins du Rosso; elles en ont les traits énergiques et quelquefois contournés; mais il en est une d'un dessin plus fin et moins rigoureux, qui paraît être l'œuvre originale de *Domenico Fiorentino*. Elle représente le *martyre de saint Étienne* Tandis que la Trinité apparaît dans le ciel entr'ouvert, le saint, à genoux, levant les yeux vers elle, fléchit sous les coups des pierres qui le frappent. Sans nous arrêter à la disposition et aux détails de la composition, nous remarquons le double écusson que l'artiste a gravé sur le devant de la dalmatique du saint. Nous y reconnaissons la croix cantonnée de billettes des Choiseul, les lions de sable des Dinteville. Or, ce sont les noms de deux familles puissantes qui, au seizième siècle, ont joué un rôle dans l'histoire de Troyes. Nous savons en outre qu'en 1544 Dominique travaillait au château de Polisy, avec le Primatice, que ce château appartenait à François de Dinteville, évêque d'Auxerre, et que l'admirable carrelage en faïence italienne, daté de 1545, seul reste de la décoration artistique de cette résidence, porte les mêmes armes écartelées que la dalmatique de saint Étienne [6].

L'auteur des gravures a donc eu des relations avec les environs de Troyes; il en a eu avec Troyes. Il travailla longtemps à Fontainebleau avec le Rosso et le Primatice. Son nom figure dans les comptes des bâtiments de 1537 à 1550, soit avec la désignation de peintre, gagnant 20 sols par jour, soit avec celle d'imager, recevant 20 livres par mois. Dans le palais qu'il était appelé à décorer,

---

[1] *Dictionnaire des monogrammes.* Munich, 1832, 1re partie, in-4º, p. 193; 2e partie, p. 74.

[2] *Manuel de l'amateur d'estampes.* Jannet, 1850, t. I, p. 147.

[3] *Abecedario de P. J. Mariette,* publié par MM. de Chennevières et de Montaiglon. Paris, 1853, t. I, p. 61.

[4] *Dictionnaire historique des peintres,* 1866, 2e édition, p. 65.

[5] *Description des sculptures,* p. 75.

[6] *Portefeuille archéologique de la Champagne.* Bar-sur-Aube, 1861, in-folio, ch. ix, pl. III.

travaillaient avec lui de nombreux artistes originaires de Troyes :
les peintres Jacques Cochin, Charles Colin, Nicolas Cordonnier,
Nicolas Hallain, Nicolas Blampignon, Colin, François et Jean
Pothier ; les imagers Jacques, François, Antoine et Hubert
Julyot [1]. Parmi ces artistes se distinguaient Jacques Julyot et
Nicolas Cordonnier, qui recevaient, comme Dominique, 20 sols
par jour, et Hubert Julyot, qui avait 17 livres par mois. Ces artistes
entraînèrent-ils le Florentin à Troyes, ou bien avaient-ils été con-
duits par lui à Fontainebleau ? Un manuscrit de la fin du dix-septième siècle nous dit qu'il était venu de bonne heure à Troyes,
qu'il s'y était établi et marié, et qu'il y apprit son art [2]. Qu'il y ait
appris son art, c'est douteux ; qu'il y ait résidé avec sa femme, c'est
certain. En 1541, il tient sur les fonts baptismaux de l'église Saint-
Jacques un enfant de Pierre Pothier, qui appartenait à la famille
des peintres de ce nom. En 1548, il est inscrit sur les rôles des
impositions de la ville avec ses deux gendres, Gabriel Favereau et
Nicolas Hurant. Il jouit d'une grande notoriété ; car, à la suite du
nom de Hurant, on a mentionné qu'il était « gendre de maître Dominique, ymager ». Ce dernier loge dans le quartier de Belfroy, dans
lequel est comprise la paroisse de Saint-Pantaléon, où la tradition
veut qu'il ait demeuré. La tradition ne se trompe pas. La femme
de Dominique était une des fidèles de cette église ; elle y quêta le
12 novembre 1554 [3] ; elle y quêtait dix ans plus tard, comme l'atteste l'extrait suivant des registres de la Fabrique : « Receu le
dymanche, xviij° jour de febvrier 1564, de la fame de Mᵉ Dominique Florentin, pour l'euvre, la somme de xxiij s. ii d. [4] »

Dominique Florentin, qui à une certaine époque partagea son
temps entre Fontainebleau et Troyes, semble donc bien être le
même personnage que Dominique del Barbiere. Comme beaucoup
d'artistes du seizième siècle, il était à la fois architecte, peintre,

---

[1] Pièces justificatives, § I.

[2] Manuscrit de la bibliothèque de Troyes, n° 2301, p. 35.

[3] Recepte de la queste de l'euvre des messes ordinaires et des reliques du
busault, faite les dimanches et festes soleñnelles... du dimanche xij° de novanbre,
de l'euvre, par la femme de mestre Domynycle, xvj sous v deniers. *Archives de
l'Aube*, 19, G. 13, fol. 3 v°.

[4] *Archives de l'Aube*, 19, G. 16, fol. 25 r°.

graveur, sculpteur, ou, comme on disait alors, tailleur d'images ou imager, et, dans sa vie errante, on peut comprendre qu'il ait été désigné sous des surnoms différents.

§ II

Le seizième siècle a été pour la ville de Troyes une époque de richesse et de grandeur artistique. Sa belle cathédrale s'achève; ses églises se reconstruisent. Peintres, sculpteurs, verriers, travaillent à l'envi pour les décorer. Après le terrible incendie qui détruit en 1524 le quartier le plus peuplé de la ville, on en relève les ruines avec une ardeur singulière, et l'on ouvre des rues dont la largeur et la beauté font l'admiration de l'ambassadeur vénitien Lippomano. « Elles sont si larges, si propres et si droites, disait-il, qu'on peut y admirer dans tous les sens les riches et beaux édifices publics et privés qu'elles renferment [1]. » Au milieu de ces travaux de reconstruction, des artistes tels que Dominique devaient être accueillis avec empressement, surtout lorsque, comme lui, ils apportaient des talents supérieurs et un art nouveau.

La ville de Troyes, située entre la Bourgogne et les Pays-Bas, avait longtemps ressenti l'influence de l'art flamand. Les architectes de ses édifices religieux étaient souvent originaires du Nord; sans remonter à Henry de Bruxelles, qui en 1380 construisit le jubé de la cathédrale, Martin Cambiche vient de Beauvais; il a pour gendre et pour successeur Jean de Soissons. Le tailleur d'images Nicolas Halins porte un nom analogue à celui d'un bourg de Flandre. Un autre se nomme Nicolas le Flamand. Des statues, des tableaux sur bois, des verrières portent la trace de l'influence de cet art, à la fois naïf et précis, où l'expression vraie l'emporte souvent sur l'élégance, sans exclure la grâce. Le jubé de Sainte-Madeleine, dont les dentelles rivalisent avec celles de Brou, paraît s'y rattacher, et le nom de son constructeur, Jean Gaide ou Gailde, dont on a essayé de faire un Italien en le transformant en Gualdo, semble appartenir au Nord plutôt qu'au Midi.

Les artistes qui travaillaient à Fontainebleau en rapportèrent

---

[1] *Relation des ambassadeurs vénitiens*, t. II, p. 291.

les règles et la pratique d'un art inspiré d'autres principes. Quelques-uns d'entre eux y avaient étudié les modèles antiques, que peut-être ils avaient été chercher en Italie. Hubert Julyot avait été choisi pour « vacquer aux reparemens et racoustremens des médailles, testes et corps de marbre antique, puis naguère apportés de Rome audit lieu de Fontainebleau [1]. » Des études ou des travaux de ce genre inspirèrent sans doute les détails et les figures imités de l'antique qu'on peut remarquer dans certaines de nos églises, notamment dans les bas-reliefs de Saint-Jean. Ce fut aussi dans l'architecture que se fit sentir l'influence italienne, depuis quelque temps prépondérante dans les édifices privés. Vers 1550, elle l'emporta définitivement, à Troyes, sur le gothique flamboyant, qui avait persisté dans la construction des édifices religieux. Dominique y contribua pour une part sérieuse.

Grosley, et d'autres qui l'ont répété après lui, ont attribué à Dominique et à Gentil les portails des églises Saint-Nicolas, Saint-Frobert, Saint-Nizier et Saint-André [2]. Peut-être cette dernière fut-elle l'œuvre de l'un d'eux, avec ses guirlandes de fleurs et de fruits, où Grosley voyait les attributs des jardiniers d'alentour, et qui paraissent imitées des décorations de la galerie de François Ier à Fontainebleau [3]. Mais les autres attributions sont manifestement erronées ; le portail de Saint-Nicolas fut construit sur les plans de Gérard Faulchot ; celui de Saint-Nizier fut achevé seulement en 1574 ; celui de Saint-Frobert date de 1621 [4]. De toutes les assertions de Grosley, une seule mérite une entière confiance : c'est celle qui attribue à Dominique le jubé de la collégiale de Saint-Étienne [5].

Une médiocre gravure du dernier siècle [6] nous permet d'appré-

---

[1] Comte de LABORDE, *la Renaissance des Arts*, I, p. 418.

[2] *Éphémérides de P. J. Grosley*, éd. Patris Debreuil, 1811. in-8°, t. II, p. 194 ; LANCE, *Dictionnaire des architectes français*, t. I, p. 225 et 305.

[3] CHAMPOLLION et PFNOR, *Monographie du palais de Fontainebleau*. Morel, 1864, in-fol., planche LXXII et suiv.

[4] COURTALON, *Topographie historique de la ville et du diocèse de Troyes*, 1783, t. II, p. 202 et 247.

[5] Grosley dit qu'il a vu le marché passé avec Dominique pour la construction de ce jubé, ce qui ne l'empêche pas de l'attribuer à Dominique et à Gentil.

[6] Elle est due à la collaboration de l'ingénieur Musson et du peintre Cossard. *Ramponides*, p. 11. Elle a paru dans les *Éphémérides* de 1761.

cier les proportions de ce jubé, dont l'auteur des *Éphémérides* a parlé avec admiration. Il y trouvait rassemblé tout ce que les modèles de l'antiquité avaient de plus élégant, de plus noble, de plus exact pour l'architecture, de mieux distribué, de plus correct, de plus fini pour les ornements, les bas-reliefs et les statues. Il en exaltait jusqu'à la maçonnerie, dont les pierres avaient été jointes avec un tel soin que tout le jubé paraissait d'un seul bloc. Malheureusement, cette belle construction a été démolie pendant la Révolution, et il n'en reste qu'une colonne, à chapiteau corinthien, exposée aux intempéries de l'air dans la cour de Sainte-Madeleine, deux statues placées à Saint-Pantaléon et quatre bas-reliefs qui ont été transportés dans l'église de Bar-sur-Seine [1].

Les registres du chapitre de Saint-Étienne nous font assister aux pourparlers auxquels donna lieu la construction de ce jubé. Le 29 octobre 1549, les chanoines en font faire plusieurs *portraits* ou projets par « maistre Dominicque Florentino. » Quelque temps après, ils nomment une commission pour examiner l'un de ces portraits et le montrer « à gens à ce congnoissans. » Le 5 décembre, Dominique réclame une réponse; on convient, le 4 janvier, de lui offrir 800 livres; enfin, un contrat par-devant notaires, dont une minute existe aux archives de l'Aube, stipule que M⁹ Dominique Recourre, dict Florentin, et son gendre, Gabriel Favereau, construiront un jubé en pierre de Tonnerre au lieu où existait un ancien jubé en bois, et que, moyennant la somme de 810 liv., ils le termineront dans un délai de deux ans, avec les statues et les bas-reliefs qu'indique le plan adopté. Un couturier, nommé Martin Ferjent, fut désigné comme caution; mais il ne se présenta pas immédiatement, et les chanoines décidèrent, le 14, que Dominique ne pourrait commencer les travaux sans avoir fourni la caution exigée [2].

Le plan fut modifié dans le cours de la construction. On trouva que le premier projet « n'était de grande excellence, » et, le 6 août 1550, le doyen mit sur le bureau un autre « pourtraict » que Dominique avait fait « pour embellir et enrichir le devant du

---

[1] ARNAUD, *Voyage archéologique et pittoresque dans le département de l'Aube.* Troyes, 1837, in-4°, p. 38.

[2] Pièces justificatives, § II.

jubé. » Il demandait cent livres de supplément; les chanoines furent d'avis d'en offrir quatre-vingts. Il faut considérer, en lisant ces prix, que l'argent, à cette époque, valait au moins dix fois plus qu'aujourd'hui, et que le chapitre fournissait à l'architecte, qu'on qualifiait de « maître masson, » la pierre, le sable et les autres matériaux.

La notoriété qu'avaient acquise Dominique et son gendre Favereau, comme architectes, est attestée par le choix que le chapitre de Saint-Pierre fit de ce dernier, en 1559, pour maître maçon de la cathédrale. Il succédait à Jean Bailly, gendre de Jean de Soissons, qui lui-même était gendre de Martin Cambiche. Ce ne fut pas seulement un changement de personne qui résulta de la nomination de Gabriel Favereau, ce fut un changement de style[1]. Qu'on lève les yeux vers la tour de la cathédrale : au-dessus de l'horloge, les contre-forts gothiques s'arrêtent brusquement, et la naissance des lignes plus droites qui s'élèvent vers le sommet marque le point où le gendre de Dominique a pris la direction des travaux de la cathédrale, qu'il devait conserver pendant dix-huit ans.

§ III

A la mort de François Ier, Dominique était sans rival à Troyes. Il était dans la maturité de l'âge, car deux de ses filles étaient mariées. Sa situation matérielle était prospère. Après Jacques Julyot le jeune[2], qui avait peut-être des ressources autres que celles de son art, il est, de tous les imagers, celui qui paye les impositions les plus élevées. En 1548, il est taxé à cent sols tournois[3]; en 1552, à

---

[1] Pigeotte, *Étude sur les travaux d'achèvement de la cathédrale de Troyes,* Didron, 1870, in-8°, p. 149.

[2] Jacques Julyot le jeune, 18 livres. *Archives municipales de Troyes,* F. 232, fol. 72 r°.

[3] Maistre Dominique Ricombre, ymager, cent sols tournois. *Archives municipales de Troyes,* F. 232, fol. xiiij r°. Cette imposition montait à 21,820 livres tournois, réparties sur environ trois mille cinq cents contribuables. Les plus imposés sont : Riglet, seigneur de Montgueux, avec huit vingt-cinq livres ; le sieur de Trémilly, Pierre Pithou, qui paie cent livres; Nicolas Mauny, seigneur de Fontaines, six vingts livres. — La publication de l'un de ces rôles offrirait des renseignements précieux sur l'état des fortunes et des industries à Troyes à cette époque, ainsi que sur l'existence de plusieurs artistes.

douze livres[1], tandis que François Gentil paye soixante sols en 1548, et vingt-cinq en 1552;. Genet Collet, vingt-six et vingt sols; Christophe Molu, seize sols en 1552. A cette époque, Hubert Julyot seul se rapproche de Dominique avec une cote de six livres. La supériorité de sa situation matérielle, qu'attestent ces chiffres, indique l'importance des travaux qui lui sont confiés et la réputation dont il jouit.

Aussi lorsque, en 1548, le roi Henri II et Catherine de Médicis furent sur le point de faire leur entrée dans la ville de Troyes, c'est à Dominique que s'adressa l'échevinage pour organiser les préparatifs de sa réception. L'acte suivant l'atteste :

« Le deuxième jour d'avril, l'an mil cinq cens quarante-huit,
« en la chambre de l'eschevinage de Troyes,

« Cedit jour a esté convenu à maistre Dominique Florentin,
« ymageur et painctre, demeurant à Troyes, de conduyre et soy
« donner garde et besongner en tout et partout des affaires et
« triumphes de l'entrée du Roy et de la Reyne quy se fera de brief
« audit Troyes, moyennant de dix escuz soleil, qui luy seront payez
« pour et durant quinze jours entiers, à compter du jour de demain,
« si tant l'affaire dure[2]..... »

Aucun choix ne pouvait être plus heureux. « Ymageur et painctre, » comme le désigne l'acte de l'échevinage, Dominique avait rapporté d'Italie les secrets de l'art décoratif, que ce beau pays a conservés en partie. Nul mieux que lui ne pouvait faire les portraits des arcs de triomphe, des échafauds, des « singularités » dont l'entrée du Roi et de la Reine fut l'occasion. Dans cette tâche, il devait avoir pour collaborateurs quelques-uns des artistes qui avaient travaillé avec lui à Fontainebleau : François Pothier, Nicolas Cordonnier, Charles Colin, Jacques Cochin; il devait aussi y rencontrer celui que la postérité a associé d'une manière étroite à sa personne, François Gentil[3].

---

[1] Maistre Dominique, tailleur d'images, douze livres t. *Archives municipales de Troyes*, F. 233, fol. xix rº. Cette imposition est de 24,650 livres. Un des artistes, qui y figure avec une cote élevée, est Jehan Pothier, peintre, qui paie 9 liv. t.

[2] *Archives-municipales*, ancien fonds, carton 55, pièce 8. Voir pièces justificatives, § III.

[3] *Archives municipales*, K. 8.

Il est impossible de parler de Gentil sans dire un mot de son légendaire accord avec Dominique, que jusqu'ici aucune preuve authentique n'a confirmé, pour une œuvre d'art déterminée. Ce que nous pouvons établir, d'après des documents inédits, c'est que les contemporains ne paraissent pas avoir tenu en égale estime le talent de ces deux artistes. Les comptes de l'entrée de Henri II nous en fournissent la preuve. Une quittance du 2 mai 1548 indique que Dominique, qui est toujours qualifié de maître, est payé à raison de « trente solz par jour [1], » tandis que nous lisons dans un compte que François Gentil a vacqué à certains ouvrages au prix de « quinze solz par jour [2]. » Ces prix supérieurs se maintiennent pendant la durée de la résidence de ces deux sculpteurs à Troyes ; ils étaient les mêmes en 1564. Il serait peut-être exagéré d'en conclure pour Gentil une infériorité de talent proportionnelle à la différence des salaires. Dominique était à la fois architecte, graveur, peintre, imager ; il avait des connaissances multiples, une science des traditions d'école que Gentil n'avait peut-être pas, mais qui pouvaient être compensées par des qualités propres et inimitables. Celui-ci, dans tous les cas, paraît être au-dessus non-seulement des artisans, menuisiers ou autres qui touchent de cinq à sept sols six deniers [3], mais de la plupart des artistes ses contemporains ; le prix de ses journées est supérieur à celui que reçoivent Nicolas Cordonnier, Pierre Pothier, Jacques Cochin, Charles Colin [4] ; nous ne parlons pas des Julyot, pour lesquels les moyens de comparaison nous manquent. Enfin, si Dominique fut choisi pour faire le modèle du don que la ville devait offrir au Roi, moyennant neuf livres tournois [5], Gentil fut chargé du modèle du présent destiné à la Reine, au prix convenu de cent dix sous [6].

[1] Pièces justificatives, § III.

[2] A Françoys Gentilz, la somme de quarante-cinq solz tournois pour trois jours qu'il a vacqué aus dictz ouvrages, qui est faict de quinze solz tournois pour chacun jour, et pour ce ici, xv s. t. *Archives municipales*, K. 8.

[3] Les menuisiers ont 10 s., 7 s. 6 d. et 5 s. ; les couvreurs, 5 s. *Archives municipales*, K. 8.

[4] Les trois premiers touchent 10 s. t. par jour ; Charles Colin seulement 7 s. 6 d. *Archives municipales*, K. 8.

[5] Pièces justificatives, § III, 4.

[6] Est ordonné à hon. homme Jehan le Tartrier, commis au payement des affaires de l'entrée du Roy et de la Reyne, payer à François Gentilz, tailleur d'ymaiges,

Au seizième siècle, quand les orfévres ne sont pas des artistes, c'est aux sculpteurs qu'ils s'adressent pour avoir des modèles. En 1548, les modèles de Dominique et de Gentil furent exécutés en argent par l'orfévre Henriet Boulanger [1]. Ils avaient été sculptés en bois, rehaussés de peinture, argentés et dorés [2] ; on les conservait avec soin, et comme le modèle du présent fait au Roi en 1564 avait été « gasté et pillé » dans les ateliers de l'orfévre, le peintre Nicolas Pothièr fut chargé de le repeindre [3]. Quelquefois, le temps manquait pour terminer l'œuvre d'art en métal précieux, et, dans ce cas, c'était le modèle en bois, argenté avec soin, que l'on présentait au souverain, afin de lui faire prendre patience.

L'entrée des souverains donnait à Dominique des travaux moins minutieux que les modèles d'orfévrerie. Il faut lire les relations des entrées des princes de la maison de Valois dans différentes villes, et regarder les gravures qui les accompagnent, pour comprendre le luxe des arcs de triomphe et des décorations de tous genres qu'on élevait dans ces occasions. A Troyes, en 1548, sous les ordres de Dominique, se dressent des fontaines ornées de statues, des estrades ou échafauds, des effigies de personnages fabuleux, comme Hector et Atlas. Ces images, qui ont servi pour la plupart dans des circonstances semblables, sont retirées des magasins de la ville, et comme elles ont besoin de réparations, c'est à des artistes tels que François Gentil qu'on s'adresse pour les faire. Il remet la tête d'Hector et sa hache ; il « racoustre » ses doigts, il pose des ailes à l'Ange de l'Annonciade, qui s'élève sur la porte de Belfroi [4]. Ces fêtes présentent un singulier mélange de magnificence et de puérilité ; et l'on aura une idée des spectacles plaisants qu'on présentait aux yeux du roi de France, en apprenant qu'on avait fabriqué trois mannequins

demeurant à Troyes, la somme de cent dix solz t., d'accord fait avec luy pour une modelle de boys estoffé de présent et don que l'on doit faire en argent à la Reyne, à sa nouvelle et joyeuse entrée à Troyes... Fait en la chambre de l'échevinage, ce xiij° jour de l'an mil V°xlviij. *Archives municipales*, AA. 44.

[1] *Archives municipales de Troyes*, ancien fonds, carton 55, pièce 28.

[2] A Gérard Verrey et Nicolas Pothier, peintres, 7 liv. 10 s., pour avoir painct et dorey d'or et d'argent la modelle du présent que l'on entend faire à la Reyne. *Archives municipales*, K. 8.

[3] *Archives municipales*, nouveau fonds, série AA, carton 44.

Archives municipales, ancien fonds, carton 55, pièce 32.

de bois pour représenter ses enfants ; que, pour rendre l'illusion plus complète, on les avait habillés, et qu'on avait posé sur la tête de ses deux filles des chevelures dont la location avait coûté cinq sols tournois [1].

L'entrée de Charles IX fut célébrée avec plus de solennité par la ville de Troyes que celle de Henri II. C'est encore Dominique qui fut chargé de l'organisation générale des fêtes auxquelles elle donna lieu. Moyennant la somme de 90 livres tournois, il s'engagea à faire « tous les portraits et ordonnances » qu'elle nécessiterait ; il eut « la charge et superintendance sur tous les ouvriers et ouvrages, et le regard sur les menuisiers, painctres, ymagers et autres, qu'il devait conduire bien et dument [2]. » Le marché qu'il signa avec l'échevinage est du 18 novembre 1563, et avant l'arrivée du Roi, qui n'eut lieu que le 23 mars suivant, il put préparer ses plans et les faire exécuter. Tous ses débours lui sont payés en sus. Il touche une indemnité « pour le deviz des échaffaulx, figures et autres singularités », qu'il dresse avec le charpentier Jean Peschàt et l'imager François Dauge ; il reçoit 40 sols tournois pour l'achat de sept mains de grand papier, afin de faire des patrons. Quatre ateliers, où travaillaient des peintres, des menuisiers, des tailleurs d'images, sont installés en ville ; ils sont éclairés le soir aux frais de l'échevinage [3]. Les Archives municipales renferment le cahier où furent inscrits les journées et les comptes des imagers. Nous y trouvons Genet Colletz et Edme Huot, qui gagnent 12 et 10 sols, et François Gentil, qui reçoit 25 sols pour ses journées et celles de son fils [4]. Edme Huot travaillait avec Dominique. Les préparatifs continuèrent tout l'hiver ; jamais on n'avait élevé autant d'échafauds et d'arcs de triomphe. Ils étaient construits en charpente, couverts de toiles peintes, ornés de guirlandes et décorés de statues. Sur l'un de ces arcs de triomphe [5] se dresse l'effigie de saint Louis,

---

[1] *Archives municipales de Troyes,* AA. 44. Mémoire de Martin Fergent, couturier. C'est, on se le rappelle, celui qui fut caution de Dominique.

[2] Pièces justificatives, § III.

[3] *Archives municipales,* K. 9.

[4] Carnet des journées des imagers, *Archives municipales,* AA. 44, 2ᵉ liasse.

[5] *Archives municipales,* Ord. de payement du 21 avril 1564.

accompagnée de deux Vertus. C'est Gentil qui les a faites et posées.
L'arc de triomphe de l'Hôtel de ville est décoré de pyramides et de
tableaux. Dominique dirige tout ; il donne aux peintres « l'ordonnance » des peintures qu'ils doivent exécuter ; il réclame au receveur
de la ville des toiles, — on dit alors des linceuls, — pour revêtir
les effigies et pour faire les épitaphes ; il sert d'intermédiaire entre
l'échevinage et les ouvriers. Il a reçu trois douzaines de draps ; il en
a placé au beffroy, au marché au blé, à la porte de l'évêché ; sur
les uns sont des peintures, sur les autres des inscriptions ;
maître François, l'imager, en a employé cinq pièces ; lui-même en
a pris deux pour deux figures qu'il a faites. Il en demande encore
huit [1]. Il se multiplie, et, comme les ouvriers ne peuvent exécuter
entièrement ses plans, il est forcé de travailler avec eux, quoique
son marché ne l'y oblige pas [2].

Le séjour de Charles IX se prolongea. De concert avec Gentil,
Dominique décora des bateaux sur lesquels le Roi et sa cour se pro-
menèrent sur l'eau ; il construisit, dans le jardin de l'ancien palais
des comtes de Champagne, « un fort de terre et gazon fossoyé tout à
l'alentour », qui fut assailli et défendu avec « artifices de feu, comme
fusées, grenades et aultres, » pour « donner passe-temps et plaisir
au Roy [3]. » Les plus grands artistes de ce temps ne dédaignaient pas
de se faire organisateurs et décorateurs de fêtes. Les œuvres brillantes, et malheureusement éphémères, qu'ils élevaient dans ces
occasions, les mettaient à même de déployer dans un court espace
de temps leurs qualités nombreuses, et de manifester à leur aise
toutes les ressources de leur imagination et de leur science.

§ IV

L'acte de la municipalité de Troyes qui charge Dominique des
préparatifs de l'entrée du roi Henri II lui donne le titre de peintre.
Il est désigné avec la même qualification dans quelques-uns des

[1] *Archives municipales,* anc. fonds, carton 55, pièce 71.
[2] *Archives municipales,* carton 55, pièce 75. Pièces justificatives, § III.
[3] *Archives municipales,* registre K. 9.

comptes des bâtiments de Fontainebleau, de 1537 à 1550. Il est probable que la plupart des gravures qu'il a signées ont été exécutées dans la première partie de sa carrière. Vasari dit que parmi les nombreux stucateurs qu'employa le Rosso à Fontainebleau était Dominico del Barbiere, « grand dessinateur et le plus habile de tous. » Ses œuvres, ajoute Vasari, « ont été gravées et peuvent être mises au nombre des plus estimables[1]. »

Le cabinet des estampes de la Bibliothèque Nationale contient seize gravures signées par cet artiste, parmi lesquelles figure une série de huit cartouches et dessins d'ornement. La plupart de ces estampes ont été décrites par Adam Bartsch dans son grand ouvrage intitulé le *Peintre graveur*. Sans entrer dans l'indication détaillée que nous en donnons aux pièces justificatives, nous signalerons deux groupes de saints, d'après le *Jugement dernier* de Michel-Ange, et cinq sujets, d'après le Rosso. Ce sont des sujets mythologiques, comme *Amphiaraus s'engloutissant dans sa fuite*, comme *Vénus et Mars*, comme la *Gloire*; ce sont aussi des sujets d'études, comme *Deux hommes écorchés accompagnés de squelettes*. L'une des gravures de la collection n'a pas été décrite par Bartsch; elle représente une femme debout, sans doute Cléopâtre, tenant un serpent de la main droite, ayant à ses pieds un sarcophage. C'est une composition d'un cachet antique et large. La *Lapidation de saint Étienne* se distingue par des qualités différentes, dont Bartsch a fait l'éloge. « Cette pièce, qui est gravée au burin, dit-il, donne un bon témoignage du mérite de notre artiste, comme dessinateur et comme graveur[2]. »

M. Jules Renouvier, en parlant des pièces gravées d'après le Rosso, a dit qu'on y trouvait le dessin strapassé et la musculature étalée du maître Roux de Roux. « Son travail de gravure, dit-il en parlant de Dominique, a trop de roideur et de solidité, surtout dans les vêtements, mais il est nerveux, fin et remarquable par ses effets

---

[1] Trad. Léclanché, t. V, p. 83.

[2] Adam Bartsch, *le Peintre graveur*. Vienne, 1816, t. XVI, p. 355. Peut-être, cette gravure a-t-elle été le modèle du vitrail de la collégiale de Saint-Étienne, exécuté par Macadré, et représentant le martyre de ce Saint. Voir *Éphémérides*, t. II, p. 209.

de lumière et d'ombre. La *Gloire, Cléopâtre,* montrent la grâce de
l'école, un peu trop forte en gigues. Il travaillait particulièrement
aux stucs de Fontainebleau ; aussi excella-t-il dans les ornements.
M. Robert Dumesnil a retrouvé de lui une suite de panneaux spiri-
tuellement composés et fort habilement gravés, qui ont été copiés
par Ducerceau [1]. »

Les huit gravures d'ornement qui lui sont attribuées dans le
recueil du cabinet des estampes méritent ces éloges ; elles se
composent surtout d'arabesques dans le goût italien. Ornemaniste,
Dominique l'a été toute sa vie, soit comme stucateur, sous les
ordres du Rosso et du Primatice, soit comme sculpteur ; et l'une
de ses dernières œuvres sera le piédestal des *Trois Grâces* de Germain Pilon, qui excitait l'admiration des connaisseurs du dix-
septième siècle [2].

Plusieurs auteurs, tels que Brulliot et le Blanc citent des estampes
de Dominique Florentin, que Bartsch n'a point connues et que la
Bibliothèque Nationale ne possède point. Tel est le *Festin donné par
Alexandre à ses soldats après la bataille de Persépolis,* d'après le
Primatice, et la *Madeleine pénitente,* d'après le Titien. Le Blanc cite
aussi une planche intitulée le *Repos de la Sainte Famille,* qui
paraît être une œuvre originale. Il ajoute que toutes ces estampes
sont rares [3] ; nous l'avons éprouvé nous-même, en les recherchant
chez les marchands les plus accrédités de Paris.

Les dessins de Dominique sont encore plus difficiles à trouver.
Mariette, au siècle dernier, avait pu les apprécier. « J'ai vu de ces
dessins, dit-il, qui m'ont laissé une fort bonne idée de son talent et
qui m'ont fait connaître que ce n'est pas le gracieux qu'il faut chercher dans ses ouvrages. Il avait vu le Rosso et s'était formé sur sa
manière ; aussi il ne pouvait manquer de mettre du sauvage dans sa
science. C'est dommage, car il avait du goût et du génie ; le dessin
que je cite en est une preuve : il est riche de composition. Il a été
vendu à la vente de Jullienne, et s'il n'avait pas été aussi fruste

---

[1] Jules RENOUVIER, *Des types et des manières des maîtres graveurs,* 1853, in-4°,
p. 187-188.

[2] Germain BRICE, *Nouvelle description de la ville de Paris,* 8e édition, 1725,
in-12, t. II, p. 290.

[3] *Manuel de l'amateur d'estampes,* t. I, p. 149.

qu'il était, je ne l'aurais pas laissé échapper. » Ce dessin, fait à la plume et rehaussé de blanc, par Domenico Fiorentino, avait été vendu 49 livres. Il est probable qu'il appartenait à l'époque où Dominique gravait les œuvres du Rosso et s'était assimilé la manière du maitre. Plus tard, peut-être sous l'influence du Primatice, il se serait sans nul doute dépouillé du sauvage et du fruste que signale Mariette, et dont on ne retrouve point de traces dans sa gravure de *Saint Étienne* et dans celles des œuvres de sculpture qu'on peut lui attribuer avec certitude. Ce talent, fougueux dans ses premières manifestations, avait pu s'assouplir et s'affiner avec l'âge.

La ville de Troyes ne renferme pas de tableaux qui puissent lui être attribués[1] et dont la mention ait été consignée dans des documents d'archives. Cependant, Grosley nous dit que, sur plusieurs vitraux de Saint-Pantaléon, les peintres verriers Macadré et Ludereau avaient exécuté des batailles, avec autant de force que de correction, sur des dessins de Dominique. Peut-être le beau vitrail de la chapelle de saint Jacques était-il du nombre, d'autant plus que, conformément aux dires de l'auteur des *Éphémérides*, il n'est pas placé dans un jour convenable[2]. Il représente une bataille d'une composition savante et noble, exécutée, comme le disait Grosley, avec autant de force que de correction. Au centre, saint Jacques, monté sur un cheval blanc, tenant d'une main un étendard décoré d'une croix et semé de coquilles, tenant de l'autre une épée, chasse devant lui les Sarrazins terrifiés et cherchant un refuge dans une ville forte dont les portes s'ouvrent pour les recevoir. L'allure du cheval, dont l'encolure fine et fière rappelle celle des chevaux du Parthénon, l'attitude superbe du Saint, les mouvements justes des assaillants, l'ampleur de la composition, qui se prolonge en perspective depuis les mourants de grandeur naturelle étendus au premier plan jusqu'aux horizons montagneux que l'on aperçoit

[1] Grosley parle bien de rétables de Saint-Jean, de la cathédrale et des Jacobins, que la tradition attribue à Dominique et à Gentil. *Ephémérides,* éd. Patris Debreuil, t. II, p. 253. — M. Gréau possède deux volets d'un beau rétable daté de 1550. Sur la mitre d'un personnage on peut distinguer les deux lettres G D. On pourrait y voir avec plus de vraisemblance les initiales du sculpteur et peintre Gérard Dauge que celles de Dominique et Gentil. Ces deux volets représentent dans leur partie interne la *Visitation* et la *Purification.*

[2] *Ephémérides de P. J. Grosley,* éd. Patris Debreuil, t. II, p. 245.

entre les tentes des chrétiens et la cité des Sarrazins, les qualités de l'ensemble, la richesse de certains détails, tout concourt à faire attribuer le dessin de cette belle verrière à un artiste d'un talent supérieur. Sans ajouter une foi sans réserve à la tradition de Grosley, n'est-il pas permis de supposer que cet artiste fut Dominique ?

§ V

La gravure et la peinture ne furent, chez Dominique, que des occupations accessoires ; l'art auquel il se livra d'une manière constante et qui lui valut sa renommée, c'est la sculpture. Il excellait à travailler sous toutes leurs formes la pierre et le plâtre. Sous les ordres du Rosso et du Primatice, il exécute à Fontainebleau de nombreux ouvrages en stuc. Il est même mosaïste, car c'est à coup sûr en mosaïque qu'il compose « vingt-deux tableaux, façon de grotesques, dedans les compartiments faits de pierres cristallines, dedans lesquels il y a des masques faits de petits cailloux de diverses couleurs. » Il est aidé dans cette tâche par un autre imager, nommé Jean le Roux dit Picart, qui fabrique avec lui, de la même manière, « la figure d'un chien, en façon de grotesque. » Aucune partie de l'art ne paraît lui avoir été étrangère.

Il sculptait le bois comme la pierre. En 1560, il fait neuf figures de bois, représentant des dieux et des déesses, tels que Mercure et Pallas, pour orner une salle de treillage qui venait d'être construite dans le jardin de la Reine à Fontainebleau. Les divers travaux qu'il y exécuta en même temps que Germain Pilon lui furent payés 225 livres [1].

Dominique, dessinateur émérite, devait réussir particulièrement dans les bas-reliefs. Les quatre bas-reliefs qui ornaient le jubé de Saint-Étienne sont aujourd'hui à Bar-sur-Seine, dont ils décorent l'église. Ils se distinguent par une composition savante et sage, et une exécution nette sans minutie. On y sent la main d'un homme qui a étudié les maîtres italiens. La ville, qui se profile à l'horizon

---

[1] Comte DE LABORDE, *la Renaissance des arts à la cour de France*, p. 421 et 490.

dans le bas-relief de l'Arrestation du Saint, a les dômes et les cam-
panilles d'une cité toscane. Dans un autre, où le Saint prêche, sur
le premier plan, on aperçoit un portique d'architecture romane.
Le *Martyre de saint Étienne* est d'une bonne ordonnance, sans
confusion et sans exagération. Les mouvements de ceux qui lan-
cent des pierres sont justes et bien étudiés. Ces précieux bas-reliefs
ont été rehaussés de peinture ; le ciel est bleu, les terrains bruns,
les bordures des manteaux et les nimbes sont dorés. Dominique
s'est sans doute conformé à l'usage du temps, où d'ordinaire le
peintre était appelé à compléter l'œuvre du sculpteur.

Quelques-uns des caractères de ces bas-reliefs se retrouvent sur
les petits sujets qui ornent la belle cheminée donnée, en 1848,
au Musée de Troyes par un des propriétaires de l'ancien hôtel de
Chapelaines. Peut-être pourrait-on l'attribuer à Dominique, ainsi
que le beau retable de la chapelle saint Jacques, à Saint-Pantaléon ?
Malheureusement, ces belles œuvres ne sont pas signées, selon
l'usage du temps, et les documents qui en attesteraient l'origine nous
font défaut. Malheureusement aussi, beaucoup d'œuvres que la
tradition attribue à Dominique ont disparu. Une liste, qui remonte
à la fin du dix-septième siècle, et que nous avons publiée[1], en indique un grand nombre, particulièrement à Saint-Pantaléon, aux
Jacobins, à Saint-Étienne et à Saint-Pierre. Parmi ces œuvres à
jamais perdues, il faut citer une statue de saint Dominique, « dont la
robe et le manteau semblaient emportés par le vent », et qui passait,
au dix-huitième siècle, pour une « fort belle pièce ».

Parmi les statues du seizième siècle qui existent encore, il en
est deux qu'on peut attribuer avec une certitude complète au Florentin. Ce sont les statues de la *Foi* et de la *Charité,* qui provien-
nent du jubé de Saint-Étienne, et qui se trouvent aujourd'hui dans
le chœur de l'église Saint-Pantaléon. La Foi lève la tête vers le
ciel, tenant un calice à la main ; la Charité porte un enfant sur son
bras, tandis qu'elle tient de la main droite un autre enfant et qu'un
troisième s'abrite à ses pieds. La taille élancée de ces deux femmes,
leur tête petite et fine, leur col allongé, la noblesse de leur atti-

---

[1] *Notes sur Dominique et Gentil. Annuaire de l'Aube pour* 1876, p. 145, et
tirage à part, p. 11.

tude, l'élégance des draperies sont des signes caractéristiques de l'école à laquelle appartenait Dominique. Ces deux statues sont exécutées avec une aisance qui dénote un homme maître de son art.

L'église Saint-Pantaléon, sur la paroisse de laquelle habita longtemps Dominique, renferme, par un heureux hasard, la plupart des œuvres encore existantes à Troyes qu'on peut lui attribuer. Elle a conservé quelques-unes de celles qu'il lui avait destinées; elle a reçu, après la Révolution, plusieurs de ses statues provenant de diverses églises, telles que la *Foi* et la *Charité* du jubé de Saint-Étienne, et la *Rencontre sous la porte dorée,* qu'on remarquait dans la même collégiale. *Saint Joachim* et *Sainte Anne,* qui ont excité assez mal à propos la verve de Grosley, me paraissent sortir du même ciseau que les deux Vertus théologales du jubé. Les caractères d'élégance sont analogues, et l'attribution paraîtra d'autant plus vraisemblable que l'on sait que ce groupe a été exécuté aux frais d'un chanoine mort en 1544 [1].

La petite église de Saint-Pantaléon est un véritable musée. Sur des supports de la Renaissance ou remontant aux derniers temps du gothique, se dressent vingt statues, presque toutes remarquables, appartenant aux diverses écoles qui ont fleuri à Troyes pendant le seizième siècle. Ici, nous trouvons l'imitation exacte des types et des costumes de l'époque, avec certains traits de physionomie et de configuration qui révèlent l'influence flamande; là, un sentiment juste de la nature, où l'expression est rendue sans effort, et qui est peut-être le caractère d'un art local dont Gentil aurait été le représentant le plus éminent. Au milieu de ces diverses productions, les statues de Dominique se reconnaissent par un style plus élancé et par le caractère classique, ou, si l'on veut, antique, des costumes. La plupart des autres statues, soit de celles qu'on peut assigner à des artistes jusqu'ici inconnus, inspirés de l'influence flamande, soit de celles qu'on pourrait dire sorties de l'école troyenne, portent le costume caractéristique de leur époque. Les saintes, par exemple, ont la robe tailladée et le corsage échancré du règne de François Ier; les saints ont tantôt la cuirasse et le casque, tantôt le pourpoint à crevés et les bottes flexibles. Mais il en

[1] ARNAUD, *Voyage archéologique,* p. 38.

est d'autres dont les vêtements sont étrangers aux modes contemporains et se prêtent à merveille, par leur simplicité, aux dispositions savantes et justes des plis. Comme Michel-Ange, comme Raphaël, comme les maîtres italiens, qu'il avait étudiés et suivis, Dominique allait demander ses inspirations à une sorte d'idéal antique, où les formes n'étaient accompagnées que de vêtements simples, destinés à en faire ressortir les beautés et à concourir à l'effet, sans attirer d'une manière particulière l'attention. Telles sont les longues robes de la Foi et de la Charité ; telles sont les tuniques de plusieurs saints, comme le *Saint Jean-Baptiste,* qui se trouve dans le chœur. Ces saints ont pour la plupart les jambes nues ; ils portent les cheveux longs et la barbe entière. Les mêmes caractères se retrouvent dans la belle statue de saint Jacques qu'on peut admirer à l'entrée de la nef. Il est assis, dans une attitude qui rappelle avec moins de force et de style, mais avec non moins d'aisance, le célèbre *Julien de Médicis* de Michel-Ange. Il tient à sa main le bâton de pèlerin ; sur son dos est attaché un chapeau de large paille tressée ; à ses pieds sont fixées des sandales antiques ; sa tunique flottante et longue est retenue par une ceinture, dont l'ornement central imite une plaque de métal sur laquelle seraient ciselés en relief des personnages mythologiques. L'habileté et le soin avec lesquels sont terminés ces détails nous feraient reconnaître un sculpteur habile à exécuter des modèles d'orfévrerie, même si les autres qualités de cette statue ne confirmaient point la tradition de Grosley, qui attribue cette œuvre à Dominique.

Le même auteur ajoute que le sculpteur florentin se serait représenté sous les traits de saint Jacques. Cette œuvre aurait, dans ce cas, pour nous un double intérêt. Elle nous donnerait un portrait du statuaire qui serait digne de son talent. La chevelure du Saint, divisée par le milieu, est assez longue ; il porte la barbe entière ; les traits sont réguliers et nobles. La ride qui sillonne son front et la lassitude empreinte sur sa physionomie semblent indiquer que le modèle était dans une période déjà avancée de sa carrière.

Cette statue a toujours été à Saint-Pantaléon ; mais elle était placée, avant la Révolution, dans la chapelle de saint Jacques. Éclairée par le beau vitrail dont nous avons parlé, cette petite et étroite chapelle est garnie de deux retables du seizième siècle ;

dont l'un est un véritable chef-d'œuvre. Toutes les richesses de l'école de Fontainebleau y ont été prodiguées; ses étages, ornés de bas-reliefs, de festons, de cartouches, s'élèvent jusqu'à la voûte, dont le réseau d'arcs enchevêtrés est orné des culs-de-lampe les plus fins et les plus variés. S'il faut en croire une tradition rapportée par Grosley, Duhalle et Courtalon, ce serait au pied de ces merveilles artistiques, non loin de la statue qui reproduirait ses traits, en face de la verrière peinte d'après ses dessins, que Dominique aurait été enseveli. Une dalle, sur laquelle deux ciseaux en deux pals étaient creusés en sautoir, aurait marqué l'emplacement de sa tombe; et ce n'est pas sans une certaine émotion que nous avons remarqué, en face de la chapelle même, une dalle qui répond à la description de ces auteurs, mais dont la vue nous a surpris, parce que Grosley avait affirmé qu'on ne la voyait plus de son temps.

Il serait, cependant, difficile d'affirmer que Dominique a été enseveli à Saint-Pantaléon, dont il a été le paroissien pendant au moins vingt ans; les registres des naissances et des décès n'existent plus pour cette paroisse à cette époque. Les registres de la fabrique contiennent d'ordinaire les noms des personnes décédées dans l'année, parce qu'ils renferment les recettes provenant des services funéraires; mais, par une fatalité que rencontrent les chercheurs, ces registres manquent de 1565 à 1576, et c'est entre ces deux dates qu'il faut placer la mort de Dominique, dont la naissance remonte aux premières années du siècle. La dernière mention de la présence de Dominique à Troyes est de 1564. En 1565, nous le trouvons à Paris, où il fait le modèle de la statue de Henri II. Faut-il en conclure, comme le dit l'auteur inconnu d'un manuscrit conservé à la bibliothèque de Troyes, « qu'il se retira à Paris, où il bastit le Louvre ? [1] » Rien ne nous autorise à penser qu'il y soit mort.

Dominique eut longtemps sa résidence à Troyes; il l'avait encore en 1564, lorsque, demandant un supplément d'allocation pour la direction des travaux dont l'entrée de Charles IX avait été l'occasion, il suppliait qu'on lui bâillât une récompense, « affin d'avoir moyen de vivre et s'entretenir de son labeur dans la ville. » Mais Domi-

---

[1] Manuscrit de la bibliothèque de Troyes, n° 2801, p. 35.

nique avait toujours accepté des travaux au dehors; il conserva toujours des relations avec le Primatice; il allait travailler à Fontainebleau et à Paris; il est probable qu'il fut appelé ailleurs, à Meudon [1], et peut-être à Ancy-le-Franc. Il est certain qu'il décora le château de Polisy. Le Primatice s'y trouvait, lorsqu'il fut nommé abbé de Saint-Martin-ès-Aires, à Troyes. Bien qu'il fût à une courte distance de cette ville, il se garda bien d'aller prendre possession en personne de son abbaye, et la procuration qu'il donna à cet effet, le 15 décembre 1544, fut signée de Dominique Florentin et d'Hubert Julyot, témoins dignes d'un abbé qui ne fut jamais prêtre et n'abandonna point ses pinceaux [2].

A la fin de sa carrière, lorsque sa réputation grandit, il fut appelé plus souvent à Fontainebleau et à Paris, où l'influence de Catherine de Médicis, devenue prépondérante après la mort de Henri II, devait être favorable aux Italiens et particulièrement aux Florentins. En 1560, il sculpte les neuf statues qui doivent orner le jardin de la Reine à Fontainebleau; en 1561, il est chargé du piédestal et du vase de la sépulture du cœur de Henri II, à laquelle travaillaient Germain Pilon et le Florentin Jérôme de la Robbia, sous la direction du Primatice; la même année, et enfin en 1565, il travaille au tombeau du même Roi. Il reçut, à cette dernière date, la somme de cent livres, « sur le model de terre, en forme de priant à genoux, représentant l'effigie au vif du feu Roy, pour ledit model fondre en cuivre [3]. » Cette statue en bronze existe encore dans la basilique de Saint-Denis.

La mention de la date de cette œuvre est le dernier indice que nous ayons pu trouver de l'existence de Dominique. Il couronnait sa carrière par un travail qui devait faire l'envie de ses rivaux, et qui prouve l'estime que l'on faisait de son talent à la cour de

---

[1] Vasari parle d'un Damiano del Barbiere, que ses commentateurs identifient avec Dominique, comme l'aide du Primatice dans la décoration d'un des salons de Meudon. *Vie des peintres*, Tr. LÉCLANCHÉ, t. IX, p. 194.

[2] Actum et datum in loco de Pollisiaco Lingonensis diocesis, anno domini millesimo quingentesimo quadragesimo quarto, die decima quinta mensis decembris, presentibus ad hoc hoñ. viris Huberto Julliot et Dominico Florentin testibus ad premissa vocatis atque rogatis... *Archives de l'Aube*, registre G. 66, fol. VIᵡXII vᵒ

[3] Comte DE LABORDE, *la Renaissance des Arts*, t. I, p. 495, 500 et 513.

France. Son talent a fait aussi une impression profonde sur les habitants de la ville dans laquelle il a longtemps résidé ; à défaut de documents précis, il s'est formé une légende autour de son nom. A Troyes et dans les environs, la plupart des œuvres de sculpture et d'architecture de son temps ont été attribuées sans discernement et sans critique à son ciseau et à celui de Gentil. Cependant, le nom de Dominique précède toujours celui de Gentil, et, sous ce rapport, du moins, la légende a reproduit d'une manière fidèle l'opinion des contemporains. On comprendra sans peine qu'elle ait été favorable à Dominique, en voyant les travaux importants auxquels il fut appelé à concourir, en étudiant celles de ses œuvres qui subsistent encore, et en songeant qu'après avoir été l'élève du Rosso, il fut l'aide du Primatice et le collaborateur de Germain Pilon.

Albert BABEAU,
Secrétaire de la Société académique de l'Aube
à Troyes.

PIÈCES JUSTIFICATIVES

ARTISTES TROYENS A FONTAINEBLEAU.

Nous donnons ici la liste des artistes originaires de Troyes, ou fixés dans cette ville, qui furent les collaborateurs de Dominique à Fontainebleau. Le comte de Laborde, dans son livre, devenu rare, intitulé : *la Renaissance des arts à la cour de France,* n'a point indiqué leur origine troyenne ; il nous a semblé utile de faire connaître, d'après les savantes recherches du comte de Laborde, quel important contingent la capitale de la Champagne aurait fourni aux artistes qui furent appelés à décorer le château de Fontainebleau.

BLANCPIGNON (Nicolas). Compte de 1540. Nicolas Blancpignon, doreur, 10 liv. par mois.

En 1548, on trouve à Troyes Thiénot Blancpignon et Michel Blancpignon, imagers, en 1563, Symon Blancpignon, peintre. (*Arch. municipales.*)

COCHIN (Jacques). Compte de 1540, Jacques Cochin, peintre, 20 s. par jour.

Le nom de ce Jacques Cochin, qui est un des ancêtres du célèbre dessinateur du dix-huitième siècle, figure à diverses reprises dans les comptes des fabriques et de la municipalité de Troyes. Grosley, dans ses Mémoires sur les Troyens célèbres (t. I, p. 257), dit, d'après Nicole Pithou, qu'il était, en 1549, peintre, dominotier et marchand d'images.

COLIN (Charles). Comptes de 1540 à 1550, Charles Colin, jeune peintre, 6 liv. par mois.

En 1563, Charles Colin, imager, est chargé de sculpter en bois le modèle du présent que les habitants de Troyes devaient faire à Charles IX, à son entrée dans leur ville. (*Arch. municipales,* A A. 44, 2.)

CORDONNIER (Nicolas). Compte de 1540, Nicolas Cordonnier, peintre, 20 s. par jour.

C'est un des peintres les plus connus de l'école troyenne et de la famille de ce nom, qui a fourni des peintres pendant plusieurs générations au quinzième et au seizième siècle.

HALLAIN (Nicolas). Comptes de 1540 à 1550, à Nicolas Hallain, peintre, 9 liv. par mois.

Nicolas Hallain est plutôt connu comme tailleur d'images. Il sculpta, de 1523 à 1527, des bas-reliefs ou des statues destinées à décorer les portails de la cathé=

drale de Troyes. (Pigeotte, *Étude sur les travaux d'achèvement de la cathédrale*, p. 114 et suiv.)

JULIOT (Jacques). Compte de 1540, à Jacques Juliot, peintre, 20 s. par jour. Comptes de 1540 à 1550, à Jacques Juliot, imager, 14 liv. par mois.

Jacques Juliot est presque aussi célèbre à Troyes que Dominique et Gentil. Sa pierre tombale existe encore à l'entrée du chœur de l'église Saint-Urbain, dont il avait été le marguillier. On peut se demander, en voyant le salaire de 14 livres par mois et celui de 20 sous par jour, s'il n'est pas question, dans les comptes, de deux Juliot. On trouve dans différents documents, à Troyes, la mention d'un Jacques Juliot le jeune vers 1550.

JULIOT (François). Compte de 1540, à François Juliot, imager, 13 liv. par mois.

JULIOT (Antoine). Comptes de 1540 à 1550, à Antoine, Jacques et Hubert Juliot, imagers, 14 liv. par mois à chacun d'eux.

JULIOT (Hubert). Comptes de 1535 à 1537, à Hubert Juliot, peintre imager, 10 liv. par mois. Comptes de 1540 à 1550, à Hubert Juliot, imager, 17 liv. par mois. (Voir ci-dessus, à Antoine Juliot.)

C'est ce même Hubert Juliot qui servit, en 1544, de témoin au Primatice, avec Dominique.

POTHIER (Colin). Compte de 1540, à Colin Pothier, peintre, 20 s. par jour.

Il en est de la famille des Pothier comme de celle des Cordonnier : elle a fourni des peintres à la ville de Troyes pendant tout le seizième siècle. En 1548, Louis, Pierre, François et Nicolas Pothier (ce dernier est sans doute le même que Colin) travaillent comme peintres aux préparatifs de l'entrée de Henri II à Troyes. (*Arch. municipales*, K. 8.) Les deux suivants appartiennent à cette famille féconde en artistes.

POTIER (François et Jean). Comptes de 1540 à 1550, à François et Jean Potier, peintres, pour avoir vacqué, sous la conduite et charge de maistre Sébastien Serlio, architecteur du Roy, aux ouvrages de peinture de deux petits huissets de menuiserie d'une petite aulmoire au cabinet du Roy.

---

§ II.

CONSTRUCTION DU JUBÉ DE SAINT-ÉTIENNE.

Le marché pour la construction du jubé de la collégiale de Saint-Étienne, dont nous donnons ici le texte, a été signalé et analysé sommairement par M. Vallet de Viriville, dans son livre intitulé : *les Archives historiques du département de l'Aube* (Troyes, 1841), p. 126. Nous devons faire remarquer que dans cette analyse le nom du gendre de Dominique a été orthographié par erreur Gabriel le Faudreau ; nous rétablissons ici la véritable orthographe : Favereau.

Gabriel Favereau, qui fut maître maçon de la cathédrale de Troyes, de 1559 à 1576, est cité à diverses reprises dans les registres du chapitre de cette église. (*Arch. de l'Aube*, série G, reg. 1602 à 1604.) Il mourut le 20 novembre 1576, et fut enterré dans l'église Saint-Nizier.

Nous faisons précéder le texte du marché d'extraits des délibérations du chapitre relatives à la construction du jubé. Nous en devons l'indication à l'obligeance de M. d'Arbois de Jubainville, correspondant de l'Institut, archiviste du département.

1.

Extraits des registres de délibération du chapitre de Saint-Étienne.

(Arch. de l'Aube, registre 6, G. 17.)

29 octobre 1549 (fol. 135 v°.)

Item Mess^s ont ordonné à Monsr Bonnel de faire faire deux ou trois pourtraictz pour faire le jubbé de ceans par maistre Dominicque Florentino, et lesdictz pourtraictz soint faictz à la légière pour éviter grandz fraiz.

19 novembre 1549 (fol. 139 v°.)

Item Mess^s ont ordonné que le pourtraict pour faire le jubbé de ceste église que maistre Dominicque a porté en ce chappitre, que Mess^s doyan, scolasticque, Joly, Clement, Girardin, Bonnel et aultres deputez pour veoir ledit pourtraict, et soit monstré à gens à ce congnoissans, et puys on luy fera responce.

5 décembre 1549 (fol. 143 v°.)

Icelluy jour Monsr le doyen a mys *in medium* que M° Dominicque estre après luy pour avoir responce du jubbé de ceans. Sur ce Mess^s ont ordonné qu'on monstre le portraict à aultre pour veoir sy on pourra avoir composition raisonnable, et faire prendre ledict pourtraict affin d'en avoir ung double et donner une pièce d'argent audict Dominicque que là où il vouldra faire ledict jubbé à somme de huict cens livres qu'on l'accorde avec luy.

10 décembre 1549 (fol. 144 r°.)

Ledict jour Mess^s ont ordonné que les deputez pour veoir le pourtraict de M° Dominicque pour faire le jubbé de céans que là où ledict M° Dominicque vouldra faire et parfaire ledict jubbé que lesdictz deputez conviennent avec luy jusques à la somme de huict cents livres.

12 décembre 1549 (fol. 144 v°.)

Ce jourd'huy Monsr Bonnel a mys sur le bureau les partyes de Jehan Faulchot, masson demeurant à Troyes, pour avoir faict deux voyages à Tonnairre pour porter le calibre de la pierre qu'il fault pour faire le jubbé de ceste église, lesquelles partyes montent à la somme de xiij livres vij sols vij deniers tournois, lequel Faulchot a reçu dudict Bonnel la somme de vj livres tournois. Sur ce mesdicts S^{rs} ont délibéré que ledict Faulchot se contentera desdictes 6 l. t. qu'il reçeu.

14 janvier 1549 (nouveau style 1550), (fol. 148 v°.)

Icelluy jour Monsr le doyan a récité que luy et plusieurs aultres de Messrs ont été assemblez pour faire obliger M° Dominicque pour faire et parfaire le jubbé de ceste église, et que en deffault que ledict Sr Dominicque ne peult fournir pleige allors ne passeront oultre. Sur ce, mesdicts S^rs ont delibéré qu'on ne le fasse besoingner qu'il ne donne pleige suffisant.

18 mars 1549 (1550), (fol. 160 r°.)

Ce jourd'huy en ce chappitre, Messrs soubs doyan, scolasticque, A. Martin et aultres ont marchander avecque des perreyeurs à fournir de pierres pour faire et parfairre le jubbé de ceste église de telle mesure que Me Dominicque les demandera, assavoir troys solz tournois par pied, rendues et livrées devant ceste dicto église.

6 août 1550 (fol. 193 r°.)

Aussy ce dit jour Monsr le doyan a mys *in medium*, touchant le jubbé de ceste église, pour ce que le premier pourtraict n'est de grand excellence et que Me Dominicque, m^e masson a faict ung aultre portraict que ledict S^r doyan a monstré et mys sur le bureau, lequel est pour embellir et enrichir le devant dudict jubbé, Messrs ont deputez Messrs doyan, soubz doyan, chantre, scolastique, Joly, Clement, Martin, Collet et aultres, pour en disposer avec ledict Me Dominicque pour le proffict et utilité de l'église.

26 août 1550 (fol. 197 v°).

Et quant au jubbé pour l'embellissement pour lequel maistre Dominicque demande cent livres, Messrs les doyans, Joly et aultres, par cy devant commis, composeront jusques à la somme de soixante ou quattre vingtz livres; ainsi qu'ils trouveront par ouvrier.

2.

Marché entre les chanoines de Saint-Étienne et maître Dominique et son gendre, pour la construction du jubé de cette église.

(Archives de l'Aube, carton 6, G. 27. Fabrique, tiroir 3.)

Le quatrième jour de janvier mil v^c xlix, Dominicque Recoure dict Florentin, et Gabriel le Favereau, son gendre, maistres massons demorans à Troyes d'une part, et venerables et discretes personnes maistres Yves le Tartrier, doyan, Laurens Le Royer, Sebastiain Martin, Nicole Joly, Jehan Arnoul, Pierre Bonnet, Jehan Collet et plusieurs aultres chanoines assemblez ou chappitre traictans des affaires de lad. eglise, faisans et representans la plus grand et seinne partie des chanoines et couvent d'icelle église èsd. noms d'autre part, recongnoissent lesd. parties et chacune d'icelles en droict avoir faict et font par ces présentes les marché, convention, promesses qui s'ensuivent : c'est assavoir, que le d. maistre Dominicque et Gabriel le Favereau, l'un pour l'autre et chacun d'eulx pour le tout sans division, seront tenuz et ont promis et promectent faire et parfaire de leur mestier de masson dedans le jour de feste de Pasques que l'on dira mil v^c cinquante ung en la d. eglise monsieur Sainct Estienne de Troyes, entre deux des pilliers de la nef et au lieu ou est de présent ung ancien jubé de boys, et en la place que leur a esté montré par les d. vénérables, présens les d. notaires, ung jubé de pierre de Tonnerre et le rendre faict et parfaict dedans le d. temps selon les patrons, formes et devis qui sont en quattre volumes, l'un en parchemin et les troys aultres en papiers, lesquelz ont esté veuz par lesd. parties et par elles représentées en présence desd. notaires, en stipulant ces présentes par lesd. notaires signez et paraphez, et qui sont demorez par devers lesd. le Tartier, doyan de lad. église, et ce moyennant et parmi que lesd. vénérables doyan, chanoines et chappitre de lad. église seront tenuz et ont promis et promettent payer auxd. maistre Dominicque et Gabriel le Favereau la somme de huict cens dix livres tournois, sur laquelle somme lesd. venerables ont payé et advancé auxd. Mrs Dominicque et Favereau, en présence desd. notaires, la somme de cinquante livres tournois, dont etc. Le reste et surplus leur sera payé au feur et ainsi qu'ilz besongneront auxd. ouvrages, et en laquelle besongne ils seront tenuz vacquer et besongner en personnes mesmes, led. Me Dominicque sans discontinuation, et y commancer incessamment et le plus tost que convenable faire se pourra, en sorte que le tout soyt faict et parfaict dès led. jour de Pasques mil cinq cens cinquante ung. Oultre, seront tenuz lesd. venerables fournir en place toutes les pierres dures et aultres qu'il conviendra fournir et avoir pour besongner audit ouvrage, avec les terres, sablons, plastre et chaulx, et le tout rendre ou faire rendre en place près de lad. église, et seront tenuz lesd. maistres Dominicque et Favereau les mectre en ouvre, tailler et asseoir lesd. pierres, selon la forme èsd. pourtraict, faire faire les mortiers, fournyr tous manouvriers, cordages, angins, cordes, eschaufaulx, parches, trapans et toutes aultres choses necessaires qu'il conviendra pour led. ouvrage, excepté lesd. pierres, chaulx, terre, sablons et plastre necessaire, et le rendre faict et parfaict, comme dict est, dedans le temps dessus dut, bien et deument au dict de gens à ce congnoissans de leur d. mestier et art de masson, avec les ymageries ès lieux ordonnés selon lesd. devis et pourtraictz, assavoir sur le front de la cornette de la part de la nef les ymages Foy et Charitté, et sur le front d'espice ung crucifiement avec les ymages de Nostre Dame et sainct Jehan, le tout de pierre que [lesd.] vénérables seront tenuz fournir, excepté que le cruxifiment sera de boys, s'il plaist auxd. vénérables, et s'il ne leur plaist, il sera de pierre en fournissant les matières. Plus seront tenuz lesd. Mes Dominicque et Fauvereau faire quatre ystoires de Monsr sainct Estienne, aussi de pierre a demy taille, selon la forme contenue audict pourtraict, le tout de pierre, faire les joinctz et asseoir les pierres au plus petit joinct que possible sera et selon que l'ouvrage le requiert. Si comme etc., promectent assavoir lesd. venerables payer et fournir, et lesd. Mes Dominicque et Favereau faire et parfaire comme dessus, obligeant lesd. vénérables les biens temporelz appartenans a leurd. eglise, et lesd. Mes Dominicque et Favereau leurs corps et biens, l'un par l'autre et chacun pour le tout, sans division, renonçants etc. par special lesd. maistres Dominicque et Favereau au beneficice de division, fide jussion, discution, et à l'ordre à ce faire, présent en sa personne Martin Ferjant, cousturier, demorant à Troyes, lequel de sa pure, franche et liberale volunté, à requeste desd. maistres Dominicque et Favereau, a pleigé et cautionné lesd. maistres Dominicque et Favereau, et chacun d'eulx pour le tout, envers lesd. venerables de lad. somme de huict cens dix livres tournois, et icelle somme comme principal rendre et restituer auxd. venerables, ou ce qu'ils auroient receu sur icelle, le cas advenant que lesd. maistres Dominicque et Favereau ne feroient et parferoient lesd. ouvraiges selon et dedans le temps que dessus, souz l'obligation de tous ses biens et des biens de ses hoirs; de laquelle promesse et caution lesd. Mes Dominicque et Favereau, pour le tout, sans division, ont promis et promectent acquicter, affranchir, garantir et descharger led. Ferjant, ses hoirs et ensemble de leurs despens, dommaiges et interetz, qui par faute de ce luy pourroient advenir, soubz pareille obligation et renonciation que dessus. En temoing, etc.

Signé : J. Thiennot, J. Cochot.

---

§ III.

DOMINIQUE ET LES ENTRÉES DE SOUVERAIN.

1548.

1.

Extrait du compte du receveur de la ville, Morise.

(Arch. municipales de Troyes, anc. f. carton 55, pièce 32)

(28 avril 1548.) Payé à M⁰ Dominicle Fleurentin, tailleur d'ymages, pour ses peinnes et vaccations d'avoir conduict toutes les besongnes de l'entrée du roy Henry et de la Reyne, pour l'espace de quinze jours. . . . . . xxij liv. x s.

2.

Extrait d'un autre compte.

(Mêmes archives, registre K, 8.)

A maistre Dominicque Riconuri, Ytalien, demor. à Troyes, la somme de xxxjv l. t. à luy accordée pour ses peines, sallaires et vaccations de vingt trois jours qu'il a vacqué à l'ordonnance, conduite et façon de plusieurs ouvraiges et singularitez faictes par raison de la dicte entrée.

3.

Quittance de Dominique.

(Au verso du marché du 2 avril 1548, reproduit ci-dessus.)

Plus receu par moy Dominicle Florentin, dudit Morisc, pour huit journées comançant le samedy xxviije jour d'apvril et finissant le dymanche sixième jour de may, à fur de trente solz ts. par jour, la somme de douze livres tournois. Tesmoin mon sceing manuel cy mis le sixième jour de mai mil vᶜ quarante-huit.

Signé : Domenico Fiorentino.

4.

Ordonnance de payement.

(Archives municipales, carton A A, 44.)

Est ordonné a honorable homme Jehan le Tartrier, commis au payement des affaires de l'entrée du Roy et de la Reyne à Troyes, payer à Mʳ Dominicque Florentin, demorant aud. Troyes, la somme de neuf livres tornois, d'acord faict avec luy, pour avoir faict le modelle du présent et don que l'on entend faire d'argent pour le présent du Roy à sa nouvelle et joyeuse entrée aud. Troyes... Faict en la chambre de l'eschevinage de la ville de Troyes, le vingt sixiesme jour de may l'an mil cinq cens quarante huit. *Signé :* Bovau.

1563.

1.

Marché entre la ville et Dominique.

(Mêmes archives, ancien fonds, carton 55, pièce 37.)

Du dix huitiesme jour du moys de novembre l'an mil vᶜ lxiij, par messieurs les maire et eschevins de la ville de Troyes.

Ce jourd'huy a esté convenu avec Mᵉ Dominique Florentin, ymager, demorant aud. Troyes, que moyennant et parmy la somme de quatre-vings et dix livres t., que lesd. maire et eschevins seront tenuz luy payer, icelluy. Mᵉ Dominique sera tenu de bien et deument faire toûs et chacuns les portraictz et ordonnances qu'il convient faire à la nouvelle et joyeuse entrée du Roy, pour le regard de son art et mestier, et pareillement qu'il aura la charge et superintendance sur tous les ouvriers et ouvrages qui se feront pour ladite entrée, et avoir le regard sur les menuisiers, painctres, ymagers et aultres, et iceulx conduire bien et deument pour le faict desd. ouvrages, selon lesd. devis et portraictz qui ont esté acordez par iceulx maire et eschevins; et néanmoins a esté déclaré aud. Mᵉ Dominique, que où le Roy ne. viendroyt si tost par deça, et que au moyen de ce lesd. ouvrages fussent descontinuez, que icelluy Mᵉ Dominicque ne sera payé de lad. somme de iiijxx. l. t., si comme en prorata du temps et des ouvraiges qu'il aura faictz et qu'il aura vacqué à iceulx. Faict en la chambre de l'echevinage dud. Troyes, les an et jour que dessus. *Signé :* Leclere, Domenico Fiorentino.

Au verso. J'ay Mᵉ Dominique Florentin, imager demᵗ à Troyes, confesse avoir receu de Robert Largentier, recepveur de la ville de Troyes, la somme de quatre vings et dix livres t. pour les causes contenues au marché et ordonnance cy derrier escriptes, de laquelle somme de iiijˣˣx liv. t. je me tiens pour contant et en quicte led. recepveur et messieurs de lad. ville. Tesmoing mon seing manuel, cy mis le iiijᵉ jour de may mil vᶜ soixante quatre. *Signé :* Domenico Fiorentino.

2.

Lettre de Dominique au receveur de la ville.

(Mêmes archives, carton A A. 44, 2ᵉ liasse.)

Monsieur le reseveur, le presant porteur ma delivrez cinq dousainnes de panache. Sy vous plaist vous luy donnerés son paimant. Vous il estiés presant quant i demanda ving soulz de la dousainne, il luy fust faict offre de xviij soulz, mais il ne se voullut pas contantez. Faictes un ensamble. Je renvoyes par devers vous. Au surplus, je vous envoye le nombre des draps que je resu qui est en nombre troys douzainnes, lesquels jé amployiez, premieremant sur le breuffroy quatre en quatre chassis servant à la baculle, et trois en troys grande epitaffe, qui sont en nombre cept.

Pour le marché au blé, quatre en sixs piesses de painture.

Pour la maison de la ville, quinze piesse.

Pour la porte de Monsr de Troyes, troys piesse tant en epitaffe que en grande armoyrie.

Pour mestre Francoys, l'ymager, cinq piesse.

Item pour deux figures que jé fette, deux piesse, qui sont en nombre trente six piesse.

Et pour ce que jé affayre de linge tant aux estuves quant aultre endroys, il vous playra me fayre delyvrer viij draps que le reseveur me dict qu'il a entre les mains de reste. Je vous escriproye plus amplement là où ils seront amployiez, qui sera landroyt; que je me recommanderé de tres bien bon cueur a vous, votre serviteur,   *Signé :* DOMENICO FIORENTINO.

Délivré lesdicts huit draps ce xviij mars mil cinq cens lxiij.

3.

Ordonnances de payement et quittances.

(Mêmes archives, cart. A A. 44, 2e l.)

Du six^{me} jour du moys de mars l'an mil cinq cens soixante et trois, par mess^{rs} les maire et eschevins de la ville de Troyes,

Est ordonné à noble homme Robert Largentier, recepveur ordinaire de lad. ville, payer à maistre Dominicque Florentin la somme de seize livres tournois pour avoyr fait deux effigies, lesquelles ont été myses et posées à la porte de belfroy pour l'entrée du Roy nostre sire, et ce par conventions faicte avec luy, Messrs Format, Guerin et Mauroy, a commis et superintendant au faire des ouvrages de lad. entrée, et rapportant la présente avec quictance, sera aud. Largentier recev. icelle somme de xvj l. t. allouée en ces comptes.

Faict en la chambre de l'eschevinage, les an et les jours que dessus.

Signé : LECLERE.

Au bas est un reçu de Dominique, du 4 mai 1564.)

Je soubsigné confesse avoir receu du receveur Largentier dix solz t. pour iiij liv. chandelles que j'ai achetez pour faire les portraictz. Faict ledit jour xixe febvrier mv^c lx troys.   *Signé :* DOMENICO FIORENTINO.

Le quinziesme jour de mars, jey prins deux sollives en la maison de mestre Dominique pour porter les figures qui la faictes pour mettre à la porte de befroy, lesquelles sollives peuvent valloyr dix soulz la piece, lesquelles sollives sont encore de présent soubz les figures pour les porter, tesmoing mon saing manuel sy mis l'an et jour dessus dict.   *Signé :* JEHAN PESCHAT (avec paraphe).

Je Me Domynique Florentin confesse avoir reçeu de Robert Largentier la somme de vingt solz t. pour les sollives cy dessus. Faict ce xxij^e jour d'avril mil v^c lxiiij.

Signé : DOMENICO FIORENTINO.

4.

Extrait du compte du receveur Robert Largentier.

(Archives municipales, K. 9.)

A maistre Jehan Peschat, Dominique Reconury et François Dauge, charpentier et tailleurs d'ymages, la somme de trente solz tornois pour avoyr fait le devis des eschaffaulx, figures et autres singularitez....

A maistre Dominique Florentino, 40 s. t. pour l'achat de sept mains de grand papier pour faire patrons et pour quatre livres de chandelles.

5

Lettre de Dominique à la Municipalité.

(Mêmes archives, carton 55, pièce 75.)

A Messieurs les maire et eschevins de la ville de Troyes.

Remonstre Mᵉ Dominicle Florentin, comme par cy devant il est convenu et marchandé à vous, à la somme de quatre vingtz dix livres tornois pour la charge et conduicte des ouvrages et faict les ordonnances et portraictz desdictz ouvrages faictz à ladite ville pour l'entrée du Roy nost. sire, à quoy il auroit vacqué par long temps; mesme auroit icelluy Florentin, pendant que vous, Messieurs, fistes cesser l'astellier aux ouvriers, besougné ausdictz portraictz et ordonnance, et pour ce que les dictz ouvriers qui besongnaient ne pouvaient faire la besongne suyvant l'ordonnance dudict supplyant, auroit icelluy supplyant esté contrainct y besongner avec les dictz ouvriers, tant et si longuement que lesd. ouvriers y ont vacqué, ce qu'il n'estoit tenu faire par le marché faict avec luy, de sorte que s'il n'eust besongné, comme dict est, la besongne n'eust esté deuement faicte, ny preste pour ladicte entrée, ainsi que vous, Messieurs, vous pourrés informer par les commissaires par vous deputez, pour faire besongner lesd. ouvriers, au moyen vous supplye luy baillé récompense, affin d'avoir moyen de vivre et s'entretenir de son labeur avec vous en votre ville.

Vous remonstre encor ledict supplyant qu'il a besongné et vacqué aux basteaulx par vous faictz faire sur la rivière pour le Roy nostre sire, et faict le portraict du fort, et aussi vacqué plusieurs autres ouvriers à faire les prisées des ouvrages et aultres plusieurs menues vaccations, dont il n'a eu aulcune chose, vous supplyant luy en faire taxe et luy en bailler ordonnance, pour le payer par vostre récepveur, avec la somme de six livres tornois qui luy est deu de reste de ladicte somme de quatre vingtz dix livres, et vous ferez bien.

Et encor ledict supplyant a faict à ses despens les mosles de cuirasse des trufetz, ensemble l'escabasse.

Au bas. — Soit fait et ordonné de la somme de quattorze livres tornois, outre et pardessus la convention faicte avec maistre Dominique, tant por les basteaux que ouvrages. Fait en la chambre de l'eschevinage dud. Troyes; ce viiiᵉ jʳ de may mil vᶜ soixante quattre.

(Suit une quittance notariée, signée par deux notaires, du 18 mai 1564.)

§ IV.

LISTE DES GRAVURES DE DOMINIQUE FLORENTIN.

Gravures d'après Michel-Ange.

* 1. Groupe de plusieurs Saints, tiré du Jugement dernier. (Hauteur, 365 mill.; largeur, 221^m. Pièce signée DOMENICO FIORENTINO.

* 2. Autre groupe de cinq Anges, tiré du Jugement dernier. (Haut., 392^m; larg., 193^m.) Signée DOMENICO FIORENTINO.

Gravures d'après Rosso de Rossi.

* 3. Amphiaraüs s'engloutissant dans sa fuite. (Haut. 325^m; larg., 230^m.) Signé DOMENICO DEL BARBIER.

* 4. Vénus couchée par terre auprès de Mars. (Haut., 67^m; larg., 108^m. Gravure sur fonds noir, signée D. F.

* 5. La Gloire, GLORIA. (Haut., 284^m; larg., 220^m.)
Signé DOMENICO
DEL BARBIERE
FIORENTINO.

* 6. Assemblée d'hommes et de femmes. (Haut. 247^m; larg., 360^m.)
Ce morceau, dit Bartsch, est gravé au burin avec une grande science de dessin. Il est signé :
DOMENICO
FIORENTINO   A. FONTANA-BELO BOL.

* 7. Deux hommes écorchés, représentés debout, accompagnés de leurs squelettes. (Haut., 236^m ; larg., 331^m.)

* 8. Un cartouche d'ornements dans lequel est représentée une troupe de soldats partant d'un camp. (Haut., 171^m; larg., 185^m.) Signé D. F.

D'après le Primatice.

9. Festin donné par Alexandre après la prise de Persépolis. (Haut., 248^m; larg., 356^m.) D'après une peinture de la chambre d'Alexandre à Fontainebleau.

D'après le Titien.

10. Sainte Madeleine pénitente. (Haut., 428^m; larg., 307^m.)

Sans indication de peintre.

* 11. Le Martyre de saint Étienne. (Haut., 273^m; larg., 155^m.) Signé.

* 12. Cléopâtre debout près d'un sarcophage. (Haut., 261^m; larg., 120^m.) Signé D. F.

13. Le repos de la sainte Famille, ou la Fuite en Égypte. (Haut. 365^m; larg. 155^m.)
Pièce indiquée par le *Dictionnaire des Arts* d'Heineke, II, 163, et par Brulliot.

* 14. Académies de dix hommes nus. (Larg. 433ᵐ; haut. 291ᵐ.)

* 15. Un cartouche d'ornements (haut., 49ᵐ; larg., 73ᵐ), au milieu duquel deux termes à tête de femmes soutiennent chacune d'un bras un encadrement ovale oblong, dont le centre est occupé par ces mots :

DOMENICO
FIORENTINO.

* 16 à 22. Sept gravures représentant des arabesques, de format semblable, sans figures centrales importantes.

Ces gravures d'arabesques se trouvent au cabinet des estampes de la bibliothèque Nationale, dans le recueil A A. 3, comme toutes les gravures précédées d'un astérique. Les nᵒˢ 1, 2, 3, 4, 5, 6, 7, 8, 9, 11 ont été décrits par Bartsch (t. XVI, p. 356 à 360); les nᵒˢ 9, 10, 13, 14 ont été indiqués par le Blanc (t. I, p. 147).

LISTE

DES SOCIÉTÉS DES DÉPARTEMENTS

Correspondant avec la Commission de l'Inventaire général des Richesses d'art
de la France.

AISNE

VERVINS............ Société archéologique.
                  Président, M. Piette;
                  Vice-président, M. Papillon.

ALGÉRIE

CONSTANTINE........ Société archéologique.
                  Président, M. Perille;
                  Vice-président, M. Mercier.

ALPES-MARITIMES

1876. NICE .... Société des Beaux-Arts.
                  Président, M. le comte d'Aspremont;
                  Vice-président, M. Sabatier.

ARDÈCHE

1875. LES VANS .... Société historique et archéologique.
                  Président, M. Odilon Barrot;
                  Vice-président, M. Robert Arthur.

ARIÉGE

FOIX .... Société philotechnique.
                  Président, N...;
                  Vice-président, N...

AUBE

1818. TROYES .... Société académique de l'Aube.
                  Président, M. le Dr Bacquias;
                  Vice-président, M. G. Huot.
1843. TROYES .... Société des Amis des arts.
                  Président, M. Gréau;
                  Vice-président, M. Lebrun-Dalbanne.

BOUCHES-DU-RHONE

1851. MARSEILLE.......... Société artistique.
Président, M. Bournat;
Secrétaire, M. le général Pélissier.

1867. MARSEILLE.......... Société des Amis des arts.
Président, M. Ch. Roux;
Vice-président, M. Benoist-Dupuy.

CALVADOS

CAEN............. Société des Beaux-Arts.
Président, N...;
Vice-président, N...

FALAISE.......... Société d'agriculture, arts et belles-lettres.
Président, N...;
Vice-président, N...

CHARENTE-INFÉRIEURE

1845. LA ROCHELLE....... Société des Amis des arts.
Président, M. Gustave Méneau;
Vice-président, M. Boffinet.

SAINTES........... Société des archives historiques de l'Aunis et Saintonge.
Président, M. Louis Audiat;
Vice-président, M. le comte Th. de Bremond d'Ars.

1876. SAINT-JEAN-D'ANGÉLY. Académie des muses santones.
Président, N...;
Vice-président, N...

CHER

BOURGES............ Comité du Musée.
Président, N...;
Vice-président, N...

1876. BOURGES........... Comité diocésain de l'Inventaire des richesses d'art.
Président, N...;
Vice-président, N.

CORRÈZE

1876. TULLE............ Commission de l'Inventaire des richesses d'art.
Président, M. de Lasteyrie, membre de l'Institut.

DORDOGNE

1874. Périgueux......... Société historique et archéologique du Périgord.
Président, M. le docteur Galy.
Secrétaire, M. Villepelet.

FINISTÈRE

1873. Quimper.......... Société d'archéologie du Finistère.
Président, M. de la Villemarqué;
Vice-président, M. Audrat.

GARD

1875. Nîmes .... Commission de l'Art chrétien.
Président, Mgr l'Évêque de Nîmes.
Nîmes .... Société artistique du Gard.
Président, M. Paul Mouriès.
Nîmes .... Commission municipale des Beaux-Arts.
Président, M. le maire de Nîmes.

GIRONDE

Bordeaux.......... Société d'archéologie.
Président, N...
Secrétaire général, M. Braquehaye.

HÉRAULT

Montpellier....... Société artistique.
Président, M. Castelnau.

LANDES

1876. Dax............. Société Borda.
Président, M. Henry du Boucher;
Vice-président, M. Hector Serres.

LOIRE-INFÉRIEURE

Nantes .... Commission du Musée municipal de peinture et
de sculpture.
Président, N...;
Vice-président, N...

LOIRET

1865. Orléans .... Société des Amis des arts.
Président, M. Eudoxe Marcille;
Vice-président, M. Louis Daudier.

LOT

1872. CAHORS . . . . Société des études littéraires, scientifiques et artistiques du Lot.
Secrétaire général, M. Malinowski.

MARNE

REIMS . . . . Société des Amis des arts.
Président, M. Dauphinot ;
Vice-président, M. Petit-Jean.

MAYENNE

1873. LAVAL . . . . Société des Arts réunis.
Président, M. d'Evry.
1876. LAVAL . . . . Commission historique et archéologique.
Président, N... ;
Vice-président, N...

NIÈVRE

1873. NEVERS . . . . Société des Amis des arts.
Président, M. Bouveault ;
Vice-président, M. Richard.

ORNE

ALENÇON . . . . Commission des archives.
Président, M. de la Sicotière

PAS-DE-CALAIS

1874. ARRAS . . . . Union artistique du Pas-de-Calais.
Président, M. Oct. Petit ;
Secrétaire, N. Lacœuille.
1845. ARRAS . . . . Commission des antiquités départementales.
Président, M. l'abbé Van Drival ;
Secrétaire, M. Lecesne.
1861. ARRAS . . . . Société artésienne des Amis des arts.
Président, M. de Brandt de Galametz ;
Secrétaire, M. Desavary.
1835. BOULOGNE-SUR-MER . . Société boulonnaise des Amis des arts.
Président, M. Hector de Rosny ;
Secrétaire, M. Vaillant.

PYRÉNÉES (BASSES-)

BAYONNE .... Société des sciences, lettres et arts.
Président, N...;
Vice-président, N...

SARTHE

1838. LE MANS.......... Commission départementale pour la conservation des monuments.
Président, N...;
Vice-président, N...

1875. LE MANS........... Société historique et archéologique du Maine.
Président, M. Bellée;
Vice-président, M. Bertrand.

LE MANS.......... Société française d'archéologie (Subdivision de la Sarthe).
Inspecteur, M. Hucher.

SEINE-INFÉRIEURE

ROUEN............ Société des Amis des arts.
Président, M. le Fèvre;
Vice-président, M. Eugène Debons.

1869. ROUEN............ Société artistique de Normandie.
Président, M. Fauquet;
Vice-président, M. de Ligny.

DIEPPE............ Société des Amis des arts.
Président, N...;
Vice-président, N...

SEINE-ET-MARNE

1761. MEAUX............ Société d'agriculture et du comice, sciences et arts.
Président, M. le comte de Moustier;
Vice-président, M. Buignet.

Pluviôse an XII. PROVINS.......... Société d'agriculture, sciences et arts.
Président, M. Drouyn de Lhuys;
Vice-président, M. Belin.

SEINE-ET-OISE

VERSAILLES .... Société des Amis des arts.
Président, M. Deroisin;
Secrétaire, M. Wannez.

10.

TARN

1876.	ALBI	Commission départementale de l'Inventaire.
		Président, M. le Préfet.

VIENNE

1871.	POITIERS	Société des archives du Poitou.
		Président, M. Rédet;
		Secrétaire, M. Richard.
1872.	POITIERS	Académie des Beaux-Arts.
		Président, N...;
		Vice-président, N...

VOSGES

1875.	SAINT-DIÉ	Société philomathique.
		Président, N...;
		Vice-président, N...

TABLE DES MATIÈRES

PARIS. TYPOGRAPHIE DE E. PLON ET Cie, ÉDITEURS, 8, RUE GARANCIÈRE.